हमारे कप्तान
नायडू से धोनी तक

हमारे कप्तान
नायडू से धोनी तक

सूर्यप्रकाश चतुर्वेदी

राजकमल प्रकाशन

ISBN : 978-81-267-1898-6

मूल्य : ₹395

पहला संस्करण : 2010
तीसरा संस्करण : 2019

प्रकाशक : राजकमल प्रकाशन प्रा. लि.
1-बी, नेताजी सुभाष मार्ग, दरियागंज
नई दिल्ली-110 002

शाखाएँ : अशोक राजपथ, साइंस कॉलेज के सामने, पटना-800 006
पहली मंजिल, दरबारी बिल्डिंग, महात्मा गांधी मार्ग, इलाहाबाद-211 001
36 ए, शेक्सपियर सरणी, कोलकाता-700 017

वेबसाइट : www.rajkamalprakashan.com
ई-मेल : info@rajkamalprakashan.com

मुद्रक : बी.के. ऑफसेट
नवीन शाहदरा, दिल्ली-110 032

HAMARE KAPTAN : NAIDU SE DHONI TAK
by Surya Prakash Chaturvedi

राजसिंह डुंगरपुर
व
प्रभाष जोशी
को समर्पित...

अपनी बात

बहुत दिनों से मन हो रहा था कि कप्तानी पर लिखा जाए। पहले सोचा कि विश्व के क्रिकेट कप्तानों पर लिखूँ। फिर सोचा कि पठनीयता बनी रहे, पुस्तक अनावश्यक रूप से बोझिल न हो, इसके लिए और भारतीयता को प्रमुख रूप से रेखांकित करने के लिए भारतीय संदर्भ तक ही सीमित रहना अधिक सार्थक एवं प्रासंगिक होगा। अत: 'हमारे कप्तान–नायडू से धोनी तक' आपके सामने है। मैंने 1932 से लेकर 2008 तक के क्रिकेट इतिहास में से कुल 11 ऐसे कप्तान चुने हैं जो कप्तानी के लिहाज से विशेष रूप से उल्लेखनीय हैं और जिन्होंने किसी न किसी रूप में अपने नेतृत्व-कौशल की छाप छोड़ी है। संभव है आप सभी नामों से सहमत न हों और कुछ अन्य नाम भी सुझाना चाहें, पर मेरी विनम्र राय में ऐसी व इतनी मतभिन्नता ही इस खेल को इतना जीवंत तथा दिलचस्प बनाए रखती है। टीम से सौ फीसदी अच्छा प्रदर्शन करवाने की क्षमता और सबको साथ लेकर सम्मिलित जिम्मेदारी व प्रयास के लिए प्रेरित करने की खूबी ही इस चयन का आधार रही है। आशा है, आप इस तर्क से अवश्य सहमत होंगे।

इस पुस्तक में मैंने सामान्यत: 2008 में खेली गई भारत–ऑस्ट्रेलिया के बीच घरेलू शृंखला तक के आँकड़े दिये हैं। लेकिन वर्तमान भारतीय कप्तान धोनी की कप्तानी के संदर्भ में इंग्लैण्ड के खिलाफ खेली गई घरेलू शृंखला को भी सम्मिलित कर पुस्तक को यथासंभव अपडेट करने का प्रयास किया है। क्रिकेट में वैसे भी आँकड़े कभी अन्तिम नहीं होते क्योंकि सुबह की जानकारी शाम को पुरानी पड़ जाती है।

हमेशा की तरह इस बार भी मेरे बेटे पुनीत ने सामग्री जुटाने में तत्परता से रुचि ली है। अतः उसके प्रति मैं आभार व्यक्त करता हूँ। अपने परिवार के सभी सदस्यों के प्रति भी आभारी हूँ। सभी का सहयोग ही मेरा संबल रहा है। अपने उन मित्रों एवं शुभचिन्तकों का भी आभारी हूँ जिन्होंने प्रेरित कर मेरा मनोबल बढ़ाया है।

मैं राजकमल प्रकाशन के प्रबंध निदेशक श्री अशोक महेश्वरी का भी आभारी हूँ जिन्होंने इस पुस्तक के प्रकाशन में रुचि ली व तत्परता दिखाई। चित्र जुटाने के लिए मैं श्री प्रदीप जुल्का के प्रति आभार व्यक्त करना अपना कर्त्तव्य समझता हूँ।

टाइपिंग के लिए मैं श्री तरुण चतुर्वेदी एवं पांडुलिपि के सम्पादन के लिए डॉ. उषाकान्ता चतुर्वेदी को साधुवाद देता हूँ।

पाठक ही पुस्तक की असली कसौटी है, अतः आपके सुझाव व प्रतिक्रिया की प्रतीक्षा रहेगी।

—सूर्यप्रकाश चतुर्वेदी

अनुक्रम

कप्तानी क्या है?

कप्तानी क्या है?

कप्तानी क्या है? यह एक यक्षप्रश्न है। कोई नहीं जानता कि कप्तानी एक जन्मजात गुण है या फिर ऐसी कला, जो व्यक्ति सतत अभ्यास व अनुभव से विकसित कर सकता है। अच्छा कप्तान, कौन हो सकता है? इसका भी कोई सर्वमान्य नियम नहीं है। न ही कोई ऐसी कसौटी है जिसके आधार पर अच्छे या बुरे कप्तान का तुरन्त फैसला हो सके। कुछ लोग कप्तानी को कला मानते हैं तो कुछ लोग इसे विज्ञान की श्रेणी में रखते हैं। इसके अलावा और भी अनेक तथ्य हैं जिन्हें ध्यान में रखना आवश्यक है। क्या किसी खिलाड़ी को केवल इसी आधार पर कप्तान बनाया जाना चाहिए कि वह चयनकर्ताओं की पसंद है, भले ही उसकी अंतिम एकादश में जगह बनती हो अथवा नहीं? या फिर उसका सर्वप्रथम एकादश में स्थान पाना जरूरी है तभी उसके नाम पर कप्तानी के बारे में सोचा जाना चाहिए? वरना यदि कोई कप्तान के रूप में पहले ही स्थान पा जाएगा तो अंतिम ग्यारह में से किसी योग्य या सक्षम

खिलाड़ी को उसके लिए स्थान खाली करना पड़ेगा। क्या कप्तानी प्रेरणा का प्रतिफल है अथवा वह कड़ी मेहनत, सतत अभ्यास, सघन संघर्ष, सक्रियता व अनुभव से प्राप्त ज्ञान है या फिर स्वप्रेरणा व कड़ी मेहनत का मिलाजुला प्रतिफल है?

एक बात तो स्पष्ट है। कप्तान ऐसे खिलाड़ी को ही बनाया जाना चाहिए जो अपने खेल के दम पर टीम के ग्यारह खिलाड़ियों में स्थान पाने योग्य हो। फिर यह भी देखा जाना चाहिए कि उसमें नेतृत्व करने के आवश्यक गुण, जैसे कि दबंग व्यक्तित्व, सही समय पर सही निर्णय लेने की क्षमता, अपने गेंदबाजों का सही उपयोग तथा सही समय पर गेंदबाजी परिवर्तन करने और अपने खिलाड़ियों से पूरी क्षमता से प्रदर्शन करवाने की खूबी है या नहीं। आवश्यक यह भी है कि साथी खिलाड़ी उसका, और वह अपने साथी खिलाड़ियों का सम्मान करे व उन पर भरोसा करे। कप्तान व टीम के खिलाड़ियों के बीच परस्पर सहयोग आवश्यक है। उसमें यह खूबी भी होनी चाहिए कि वह प्रतिस्पर्धी टीम की ताकत व कमजोरियों को भाँप ले तथा उसकी कमजोरियों का लाभ उठाने की योजना बना कर खेले। उसका मानसिक रूप से मजबूत होना भी आवश्यक है ताकि वह तनाव व दबाव में मजबूत बना रहे व विचलित न हो। आधुनिक क्रिकेट तो बहुत कुछ दिमागी मुकाबला ही हो गया है। मैदान से कहीं ज्यादा दिमाग में बनाई गईं योजनाएँ महत्त्वपूर्ण हो गई हैं। जिस कप्तान के पास जितने अधिक विकल्प होंगे व जितनी अधिक योजनाएँ होंगी, उसकी सफलता की उतनी ही अधिक संभावनाएँ होंगी। एक विकल्प के असफल होने पर दूसरे व दूसरे के भी असफल होने पर तीसरे विकल्प के साथ तैयार रहना जरूरी है।

क्रिकेट से जुड़े सभी मुद्दों पर अलग-अलग लोगों की अलग-अलग राय होती है। कप्तानी के बारे में भी है। कुछ लोगों का विचार है कि टीम के श्रेष्ठ खिलाड़ी को ही कप्तान बनाया जाना चाहिए। और श्रेष्ठता का मानदंड भी विवादास्पद हो सकता है। श्रेष्ठ एक बल्लेबाज भी हो सकता है, एक गेंदबाज भी व एक ऑलराउण्डर भी। ऐसे में किसे कप्तान बनाएँगे? फिर गेंदबाजों के बारे में मान्यता है कि यदि गेंदबाज को कप्तान बनाया जाता है तो या तो वह संकोचवश बहुत कम गेंदबाजी करेगा या फिर कप्तान होने के कारण बहुत ज्यादा गेंदबाजी करेगा। अतः कहा जाता है कि गेंदबाज को आम तौर पर कप्तान नहीं बनाया जाना चाहिए, हालाँकि गेंदबाजों को कप्तान बनाए जाने के भी अनेक उदाहरण हैं। जैसे कि इंग्लैण्ड के रे इलिंगवर्थ, भारत के बिशनसिंह बेदी, वेस्टइंडीज़ के कोर्टनी वाल्श, पाकिस्तान के इमरान खान और

भारत के ही अनिल कुंबले। अगर सभी गेंदबाज अच्छे कप्तान सिद्ध नहीं हुए हैं तो उन अच्छे बल्लेबाजों के उदाहरण भी हमारे सामने हैं जो अच्छे कप्तान सिद्ध नहीं हो पाए। भारत के विजय हजारे व दिलीप वेंगसरकर, इंग्लैण्ड के डेविड गॉवर, फ्लेचर व माइक गैटिंग, पाक के इंज़माम, वेस्टइंडीज़ के ब्रायन लारा व ऑस्ट्रेलिया के बिल लॉरी इनमें प्रमुख हैं। वहीं रिची बेनो जैसे ऑलराउण्डर व इमरान जैसे मध्यम तेज़ गति के गेंदबाज के उदाहरण भी हमारे सामने हैं जो अच्छे कप्तानों में शुमार होते हैं। बल्लेबाजों में फ्रेंक वॉरेल, स्टीव वॉ, पोंटिंग, गांगुली व अज़हरुद्दीन हैं जो अच्छे कप्तान रहे। अर्थात् अच्छा खिलाड़ी अच्छा कप्तान हो भी सकता है और नहीं भी हो सकता। यही बात सितारा या सुपर सितारा खिलाड़ियों पर भी लागू होती है। इयान बॉथम कहाँ अच्छे कप्तान साबित हुए? इसी तरह माइक ब्रेयली जैसे एकदम साधारण स्तर के बल्लेबाज का उदाहरण भी हमारे समक्ष है जो कि एक मनोवैज्ञानिक थे और मनोविज्ञान की मदद से कप्तानी करते थे; किन्तु वे सफल व अच्छे कप्तान माने गए वरना उनका टीम में आ पाना भी मुश्किल था। अत: निष्कर्ष यह है कि कप्तानी एक अलग ही कौशल या गुण है जो किसी में होता है तो किसी में नहीं होता। हाँ, इतना अवश्य है कि अगर कप्तान इस स्तर का खिलाड़ी भी हो कि उसकी टीम में जगह बनती हो तो इससे टीम के संतुलन एवं सुगठन में अतिरिक्त लाभ मिलता है। कप्तानी का कोई सर्वमान्य नुक्ता नहीं है और न ही कोई ऐसा फार्मूला है जिसकी मदद से अच्छा कप्तान तैयार किया जा सके। यही कारण है कि अच्छे कप्तान सभी वर्ग में मिल तो जाते हैं मगर वे गिनती में बहुत कम हैं यानी बहुत मुश्किल से मिलते हैं। अनुभव साक्षी है कि एक अच्छे कप्तान की हर बात से कप्तानी टपकती है। अर्थात् उसके हाव-भाव, चाल-ढाल, व्यवहार, बातचीत का तरीका व सलीका-सभी में कप्तानी की झलक मिलती है। पर यह सब पता तभी चलता है जब उसे कप्तानी दी जाती है और फिर कप्तानी करते हुए देखा जाता है। पहले से किसी के बारे में कुछ भी नहीं कहा जा सकता। सच्चाई यही है कि सभी में कप्तानी करने की योग्यता नहीं होती। किन्तु यह भी सच है कि कुछ अपवादों को छोड़कर सभी कप्तान बनना चाहते हैं। मामला गौरव की अनुभूति, महत्त्वाकांक्षा, रुतबे व उन सुविधाओं का है जो अंतर्राष्ट्रीय स्तर पर कप्तानों को मिलती हैं। जहाँ तक भारत का प्रश्न है, ताजा उदाहरण केवल सचिन तेंदुलकर व राहुल द्रविड़ का ही है जिन्होंने कप्तानी करना छोड़ दिया; वरना कौन मना करता है? जो भी हो, यह भी सच है कि

कप्तानी करना भले ही सभी चाहते हों, कप्तानी को आनन्ददायक कोई नहीं मानता। शायद ही कोई कप्तान ऐसा हुआ हो जिसने कहा हो कि उसे कप्तानी करने में आनन्द आया अथवा उसने कप्तानी करने का पूरा लुत्फ़ उठाया। इतना अवश्य है कि कप्तानी करना संतोषप्रद हो सकता है अथवा असंतोषप्रद, लेकिन मज़ेदार नहीं।

जहाँ तक भारत का प्रश्न है यहाँ के क्रिकेट कप्तानों का इतिहास उतना ही रोचक व घटना-प्रधान रहा है जितना कि हमारा क्रिकेट। प्रारंभिक दौर में टीम का कप्तान उन्हें ही बनाया गया जो अंग्रेजों की पसंद के थे और उनके करीबी थे। भारतीय टीम ने जब 1932 में इंग्लैण्ड की यात्रा में लॉर्ड्स पर खेलकर टेस्ट खेलने की शुरुआत की तो टीम के कप्तान थे पोरबंदर के महाराजा। वह तो उन्होंने टेस्ट मैच में कप्तानी सी.के.नायडू को सौंप दी वरना वही भारत के पहले कप्तान होते। टीम में 2-3 साधारण स्तर के भी खिलाड़ी थे जो कि राजघरानों के करीबी होने से टीम में थे। 1936 में जब भारतीय टीम इंग्लैण्ड के अपने दूसरे दौरे पर गई तो महाराजकुमार विजयनगरम्, जिन्हें क्रिकेट जगत् 'विजी' नाम से जानता है, टीम के कप्तान थे। विजी क्लब स्तर के खिलाड़ी बताए जाते थे, लेकिन सी.के.नायडू, लाला अमरनाथ, विजय मर्चेंट व मुश्ताक अली जैसे खिलाड़ियों के होते हुए भी टीम की कप्तानी विजी ने ही की। यही नहीं, कप्तान होते हुए भी उन्होंने टीम में खेमेबंदी को प्रोत्साहित किया। 1946 के इंग्लैण्ड दौरे के लिए इंग्लैण्ड में ही पढ़े व रह रहे तथा इंग्लैण्ड के लिए खेले सीनियर पटौदी को कप्तान बनाया गया जो कि टीम के खिलाड़ियों को ही नहीं जानते थे, और 1947-48 के ऑस्ट्रेलिया दौरे के लिए उन्होंने इंकार कर दिया। 1933-34 में इंग्लैण्ड के विरुद्ध घरेलू शृंखला में सी.के. नायडू को कप्तानी तो अवश्य दी गई पर मनचाहे व्यक्ति को कप्तान बनाने का सिलसिला आज़ादी के बाद तक चलता रहा।

भारतीय क्रिकेट कंट्रोल बोर्ड में एक समय वह भी था जब साधारण सभा की बैठक में कप्तान चुने जाते थे। बाकायदा नाम प्रस्तावित होते थे और उनका समर्थन होता था। जिसके पक्ष में अधिक सदस्य होते थे उसे आम बैठक में कप्तान बनाया जाता था। सत्तर के दशक से स्थिति बदली और यह काम चयन समिति करने लगी अन्यथा अलग-अलग टेस्ट मैचों के लिए अलग-अलग कप्तान बनाए जाते रहे। 1958 में वेस्टइंडीज़ के खिलाफ भारत में 4 टेस्ट मैचों के लिए 4 कप्तान नियुक्त किए, और वे थे पॉली उमरीगर, गुलाम अहमद, वीनू मांकड और हेमू अधिकारी। आप ही सोचिए, कैसी विचित्र स्थिति रही

होगी। कोई नहीं जानता कि इस तरह लोगों में कप्तानी बाँटने अथवा कप्तानी मिलजुल कर करने का क्या औचित्य रहा होगा। सब कुछ बोर्ड की राजनीति का ही परिणाम था। बोर्ड अधिकारियों की मर्जी व 'मूड' के हिसाब से कप्तान बदलते रहे और एक-एक करके सभी को उपकृत किया जाता रहा। 1971 में जिस तनावपूर्ण और दुविधापूर्ण वातावरण में वेस्टइंडीज़ व इंग्लैण्ड के दौरे पर जाने वाली भारतीय टीम का कप्तान अजीत वाडेकर को बनाया गया था वह भी बेहद दिलचस्प था। चयनकर्ताओं में मतभेद था और जब उनके मत बराबर बराबर होकर 'टाई' की स्थिति बनी तो चयन समिति के प्रमुख विजय मर्चेंट ने अपना निर्णायक मत वाडेकर के पक्ष में देकर उन्हें कप्तान बनवा दिया। मर्चेंट पहले से ही दिल के मरीज थे व उनका रक्तचाप भी बढ़ता रहता था। उस दिन वे गुस्से से आग बबूला हो गए। सभी को लगा कि कहीं उन्हें अटैक न आ जाए। सौभाग्यवश ऐसा नहीं हुआ और संयोग देखिए कि निर्णायक मत के सहारे कप्तान बने वाडेकर ने वेस्टइंडीज़ को वेस्टइंडीज़ में व फिर इंग्लैण्ड को इंग्लैण्ड में हराकर इतिहास बनाया। उन्हें सर्वाधिक सफल व भाग्यवान कप्तान भी माना गया। वाडेकर 1972-73 की इंग्लैण्ड के विरुद्ध खेली गई शृंखला में भी सफल रहे। किन्तु 1974 के इंग्लैण्ड दौरे में वे बुरी तरह असफल हुए और 3-0 से हारकर लौटे। फलस्वरूप उन्हें कप्तानी से हाथ धोना पड़ा। पराजय की गाज हमेशा कप्तानों पर ही पड़ती रही है। अतः इस बार भी ऐसा ही हुआ और तभी से भारत में कप्तानों की अफरा-तफरी का दौर चला। 1974 में जब लॉयड की कप्तानी में वेस्टइंडीज़ की टीम भारत आई तो टाइगर पटौदी को फिर से कप्तान बनाया गया व वेंकटराघवन को भी कुछ टेस्ट मैचों में कप्तानी सौंपी गई। इस तरह दो कप्तानों की नियुक्ति का यह सिलसिला 1976 के न्यूजीलैण्ड दौरे में भी जारी रहा तथा सुनील गावस्कर व बिशनसिंह बेदी कप्तान बने। अलग-अलग टेस्ट के लिए अलग-अलग कप्तान बनाने व लगातार कप्तान बदले जाने का यह सिलसिला नौ साल तक चला। गावस्कर व बेदी के बीच कप्तानी की अदला-बदली चलती रही। बीच में 1975 के विश्व कप के लिए फिर वेंकटराघवन कप्तान बने। गावस्कर, बेदी, वेंकटराघवन के अलावा 1979-80 में गुंडप्पा विश्वनाथ का नाम भी कप्तानों की सूची में जुड़ गया। फरवरी 1980 में इंग्लैण्ड के विरुद्ध मुंबई में खेले गए रजत जयंती टेस्ट में भी विश्वनाथ ही कप्तान थे। पर यह मैच कलात्मक बल्लेबाज व भारत के कप्तान विश्वनाथ की खेल भावना व सदाशयता और बदले में मिली अवहेलना के लिए जाना जाता रहेगा। टेलर को अंपायर हनुमंत

राव ने एक ऐसे कैच के लिए आउट दे दिया जो था ही नहीं। तब इंग्लैण्ड के 58 रनों पर 5 विकेट गिर गये थे। तभी विश्वनाथ ने खेल भावना दिखाते हुए टेलर को वापस बुलाने का आग्रह किया और फिर बॉथम व टेलर के बीच छठे विकेट के लिए 171 रनों की भागीदारी हुई और इंग्लैण्ड वह मैच जीत गया। लेकिन परिणाम यह हुआ कि भारतीय क्रिकेट कंट्रोल बोर्ड में फिर किसी ने विश्वनाथ को कप्तान बनाने का साहस नहीं किया। जिस काम के लिए विश्वनाथ को पुरस्कार मिलना चाहिए था, उसके लिए उन्हें तिरस्कार मिला।

1976 से 1981-82 तक गावस्कर, बेदी, वेंकटराघवन व विश्वनाथ कप्तानों की अदला बदली के शिकार हुए। 1983 से इस फेरबदल का केन्द्र गावस्कर व कपिल देव बने। कपिल की कप्तानी में ही भारत ने 1983 का विश्व कप जीता मगर 1984-85 में फिर गावस्कर को कप्तानी सौंपी गई। 1985 की विश्व चैंपियनशिप में गावस्कर ने ही कप्तानी की और भारत ने ऑस्ट्रेलिया में यह स्पर्धा जीती। गावस्कर ने 47 व कपिल देव ने 34 टेस्ट मैचों में कप्तानी की। फिर वेंगसरकर, रवि शास्त्री व श्रीकांत को कप्तानी दी गई पर किसी को भी स्थायी रूप से जिम्मेदारी के योग्य नहीं समझा गया। यद्यपि शास्त्री ने तो सिर्फ एक ही टेस्ट में कप्तानी की और भारत को जितवाया भी, किन्तु कप्तान के रूप में अज़हरुद्दीन का प्रदर्शन ही अच्छा रहा। उनकी कप्तानी में भारत ने 47 में से 14 टेस्ट जीते जो कि अब तक की सबसे बड़ी संख्या थी। जब तक कपिल देव टीम में रहे अज़हर कुछ दबे-दबे रहे, फिर वे खुलकर कप्तानी करने लगे। किन्तु प्रायोजकों एवं विज्ञापनों के बढ़ते प्रभाव के कारण वे भी खेमेबंदी के शिकार हो गए और फिर मैच फिक्सिंग के जाल में फँस कर उन्हें कप्तानी ही नहीं, अंतर्राष्ट्रीय क्रिकेट से भी बाहर होना पड़ा। अज़हर के बाद कप्तानी की कमान तेंदुलकर को सौंपी गई। मगर वे शायद स्वभाव से ही कप्तानी के योग्य नहीं थे। 1997 के वेस्टइंडीज़ दौरे के बाद ही वह हटना चाहते थे और 1999-2000 में ऑस्ट्रेलिया के विरुद्ध खेली गई श्रृंखला 3-0 से हारने के बाद उन्होंने कप्तानी न करने का निर्णय लिया। मैचों की संख्या बढ़ते जाने से उन्होंने 25 टेस्ट में कप्तानी की किन्तु जैसा चाहते थे टीम से वैसा प्रदर्शन वे नहीं करा पाए। इसके फलस्वरूप सौरभ गांगुली को कप्तान बनाया गया और उन्होंने 49 टेस्ट में कप्तानी की जिनमें से 21 जीते, 13 हारे और 15 ड्रॉ रहे। गांगुली भारतीय क्रिकेट इतिहास के सर्वाधिक आक्रामक, स्वाभिमानी और सबसे अधिक टेस्ट जीतने वाले कप्तान रहे। लेकिन अत्यधिक सफलता और लोकप्रियता ने उन्हें थोड़ा उद्दंड बना दिया।

फिर वे कोच ग्रेग चैपल से उलझे जिसके फलस्वरूप अपनी कप्तानी के उत्तरार्ध में वे विवादास्पद बन गए। स्वयं के खराब 'फॉर्म' के चलते वे मध्यक्रम के बल्लेबाजों में असुरक्षा की भावना पैदा करने लगे ताकि उनकी जगह पक्की बनी रहे और इसी कारण से टीम में गुटबाजी हावी हो गई। नतीजन उनकी कप्तानी भी गई व टीम में से जगह भी। लेकिन उन्होंने खिलाड़ी के तौर पर फिर वापसी की और 2007 का वर्ष उनका सफल वर्ष रहा। उनकी जगह कप्तान बने राहुल द्रविड़। वे खेल के अच्छे जानकार, पढ़ने लिखने के शौकीन एवं शान्त व संतुलित व्यवहार के व्यक्ति थे। अत: उन्हें कप्तान के रूप में देखा व पसंद किया गया। उन्होंने 25 टेस्ट में कप्तानी की जिनमें से 8 जीते व 6 हारे; 11 टेस्ट 'ड्रॉ' रहे। परंतु 2007 के इंग्लैण्ड और आयरलैण्ड के दौरे के बाद से उन्होंने कप्तानी न करने का फैसला किया। बोर्ड ने उन्हें पूरा सहयोग दिया था परन्तु उनका यह अनायास किया गया फैसला चौंकाने वाला था। उन्होंने अकस्मात् ऐसा क्यों किया, यह रहस्य ही है। शायद उन्हें युवराज, हरभजन व सहवाग से वांछित सहयोग व समर्थन नहीं मिल पा रहा था या फिर वे टीम को बाँध कर नहीं रख पा रहे थे। जो भी हो, एक अच्छी संभावनाओं वाले कप्तान की कप्तानी का असमय अकस्मात अन्त हो गया। उनकी जगह धोनी को एकदिवसीय मैचों में व कुंबले को टेस्ट मैचों में कप्तान बनाया गया। कुंबले 38 के हो चुके थे और 600 से अधिक टेस्ट विकेट लेने वाले भारत के पहले व विश्व के तीसरे गेंदबाज थे। परन्तु कप्तान के रूप में कुछ कर पाने के लिए यह सही उम्र नहीं थी। फिर उनका कंधा भी उन्हें रह रह कर तकलीफ देता रहा। ऑस्ट्रेलिया के विरुद्ध खेली गई घरेलू शृंखला के पहले तक कुंबले ने 12 टेस्ट में कप्तानी की जिनमें से 3 जीते, 5 हारे व 4 'ड्रॉ' रहे। कुंबले कभी भी निवृत्ति की घोषणा कर सकते थे, अत: धोनी को उनका सहायक बनाकर उपकप्तान बनाया गया। तभी इधर-उधर से सुझाव भी आने लगे कि धोनी को टेस्ट मैचों में भी कप्तान बनाया जाना चाहिए। वे सभी तरह सक्षम व योग्य हैं। जिस तत्परता से व जितनी जल्दी अनुभव प्राप्त करके वे सीखते व परिपक्व होते गए उस दृष्टि से कप्तानी की जिम्मेदारी सौंपने के लिए वे सर्वथा योग्य थे। ऑस्ट्रेलिया के विरुद्ध 2008 की घरेलू शृंखला तक वे 36 एकदिवसीय मैचों में सफलतापूर्वक भारत की कप्तानी कर चुके हैं जिनमें से 19 जीते व 14 हारे हैं जबकि 3 मैचों में कोई परिणाम नहीं आ पाया। टेस्ट क्रिकेट में तो उन्हें हाल ही में कप्तानी सौंपी गई है और मुझे विश्वास है कि वे यहाँ भी सफल कप्तान साबित होंगे।

भारत के अच्छे, सफल व कुशल कप्तानों की कप्तानी का अपना-अलग अंदाज़ रहा है। कर्नल सी.के. नायडू मैदान पर व मैदान के बाहर जो कुछ भी करते थे उससे कप्तानी टपकती थी। वे दूर से ही कप्तान नज़र आते थे। उनका चलना, बोलना, किसी से कुछ कहना बल्कि किसी की तरफ नज़र उठा कर देखना, इस सब में कप्तानी अंदाज़ दिखाई देता था। वे हमेशा हर स्थिति में अपने प्रतिस्पर्धी पर हावी होने की कोशिश करते थे। उनका अंदाज़ जरूरत से ज्यादा आक्रामक था। वे एक अच्छे योजनाकार थे तथा साहस के साथ खतरा मोल लेने में भी बेजोड़ थे। वे रणनीति बनाने में भी कुशल थे तथा उनका तकनीकी ज्ञान भी उच्चकोटि का था। वे अच्छे वक्ता भी थे अतः लोग उन पर हावी नहीं हो पाते थे। न तो सी.के. नायडू को और न ही लाला अमरनाथ को भारत की सच्ची व प्रतिनिधि टीम मिली। मंसूर अली खान पटौदी अर्थात् टाइगर पटौदी इंग्लैण्ड में ही रहे, वहीं पढ़े और वहीं खेले। इस पृष्ठभूमि का उन पर अच्छा प्रभाव पड़ा। उनमें क्रिकेट की अच्छी समझ विकसित हो गई। विभिन्न विकेट्स पर और विभिन्न परिस्थितियों में खेलने की जानकारी और अनुभव कप्तानी में बड़े काम आते हैं। वे जानते थे कि बिना खतरा मोल लिए और बिना हिम्मत के बड़े फैसले नहीं लिए जाते। अतः वे निडर होकर खतरा मोल लेते थे। उन्होंने विदेशी कप्तानों के साथ बराबरी से कप्तानी की। न तो दबाव में आए और न ही हीनभावना से ग्रस्त रहे। फिर चाहे इंग्लैण्ड हो या ऑस्ट्रेलिया अथवा वेस्टइंडीज़, उन्होंने अपने गौरव पर कभी आँच नहीं आने दी। स्वाभिमानी तो वे थे ही। उन्होंने भारत की स्पिन कला की ताकत को पहचाना। वे पहले ऐसे भारतीय कप्तान थे जिसने स्पिन गेंदबाजी को सफलता के हथियार की तरह स्थापित किया। उन्होंने सिद्ध किया कि तेज़ गेंदबाजी के समानांतर स्पिन गेंदबाजी से भी मैच जीते जा सकते हैं। सुभाष गुप्ते, सलीम दुर्रानी, चन्दू बोर्डे, बिशनसिंह बेदी, प्रसन्ना, चन्द्रशेखर व वेंकटराघवन जैसे स्पिन गेंदबाजों का चतुराई से उपयोग करके उन्होंने 40 में से 9 टेस्ट जीते। अच्छे बल्लेबाज व श्रेष्ठ क्षेत्ररक्षक होने के कारण उनके साथी खिलाड़ी उनका बहुत सम्मान करते थे। खिलाड़ियों से पूरी क्षमता से प्रदर्शन करवाने में भी वे सफल रहे।

अजीत वाडेकर भाग्यशाली कप्तान थे। वे भाग्यवान थे कि विजय मर्चेंट के निर्णायक मत की बदौलत कप्तान बने। यह भी सुखद संयोग व भाग्य की बात थी कि उन्हें टाइगर पटौदी द्वारा आजमाई गई स्पिन की ताकत का लाभ मिला और ऐसी टीम मिली जिसमें सुनील गावस्कर जैसे प्रतिभावान प्रारंभिक

बल्लेबाज, दुर्रानी, दिलीप सरदेसाई व जयसिम्हा जैसे अनुभवी खिलाड़ी, प्रसन्ना, वेंकट, बेदी, चन्द्रशेखर व दुर्रानी जैसे स्पिन गेंदबाज और आबिद अली, सोलंकर व वेंकट जैसे नज़दीकी क्षेत्ररक्षक मिले। पहले वेस्टइंडीज़ और फिर इंग्लैण्ड की धरती पर पहली बार जीत कर वाडेकर ने इतिहास बनाया व सफल कप्तानों में सम्मिलित किये जाने लगे। पर बतौर योजनाकार या जानकार वे कभी प्रभावित नहीं कर पाए। क्रिकेट में भाग्य की मदद खिलाड़ी को ही नहीं, कप्तान को भी चाहिए और वाडेकर को वह मदद मिली। सुनील गावस्कर मूल रूप से उद्घाटक बल्लेबाज थे। अतः उनकी मानसिकता एहतियात, खतरा मोल लेने से बचना, सुरक्षा एवं धैर्य के साथ खेलने की रही। यही गुण उनकी कप्तानी में भी दिखाई दिये। उनकी कप्तानी में भारत ने 9 टेस्ट अवश्य जीते और 8 हारे भी किन्तु 30 टेस्ट 'ड्रॉ' रहे। यह उनकी सुरक्षात्मक शैली की झलक प्रस्तुत करने के लिए पर्याप्त है। 1985 में ऑस्ट्रेलिया में खेली गई विश्व स्पर्धा में जिस तरह उन्होंने अपनी टीम को विजेता बनवाया वह भारतीय क्रिकेट की बड़ी सफलताओं में शुमार है।

बिशन सिंह बेदी, गुलाम अहमद, वीनू मांकड व वेंकटराघवन के बाद भारत के चौथे स्पिनर कप्तान थे। उनकी कप्तानी में भारत ने 6 मैच जीते और 11 हारे। एक गेंदबाज का कप्तान होना वैसे भी सदैव आलोचना का मुद्दा रहा है। कभी कहा जाता है कि उसने आवश्यकता से अधिक गेंदबाजी की, तो कभी कहा जाता है कि उसने कप्तानी के दबाव में बहुत कम गेंदबाजी की। बेदी को भी यह भुगतना पड़ा परन्तु 1976 के वेस्टइंडीज़ दौरे में भारत ने वेस्टइंडीज़ का जिस तरह बराबरी से मुकाबला किया और शृंखला 2-1 से खोई, उसकी सभी ने प्रशंसा की। विशेष रूप से पोर्ट ऑफ़ स्पेन पर खेले गए तीसरे टेस्ट में भारत ने अन्तिम पारी खेलते हुए व 400 से अधिक रनों का पीछा करते हुए जिस तरह संघर्ष व साहस के साथ वेस्टइंडीज़ के तेज़ गेंदबाजों का सामना किया और 4 विकेट पर 406 रन बनाकर 6 विकेट से जीत दर्ज की वह भारत की बड़ी सफलता थी। बेदी धुन के पक्के और जोश से खेलने वाले कप्तान थे और अपने साथियों में भी जोश का संचार करते थे। परन्तु उनकी बोर्ड अधिकारियों से कभी नहीं बनी। इसके फलस्वरूप वे कप्तान के रूप में अधिक दिन नेतृत्व नहीं कर सके और आंशिक सफलता-प्राप्ति के बाद निवृत्त हो गए।

कपिल देव एक दबंग ऑलराउण्डर थे। वे आक्रामक व मार कर खेलने वाले बल्लेबाज और आक्रामक मध्यम तेज़ गति के गेंदबाज थे। उन्होंने 1983 का प्रूडेंशियल विश्व कप तो अपने दमखम से ही जितवाया। अपनी कप्तानी

में उन्होंने 34 में से 4 टेस्ट जितवाए, 7 में पराजय झेली, एक मैच 'टाई' हुआ तथा 22 मैच 'ड्रॉ' रहे। उन्होंने 74 एकदिवसीय मैचों में भी कप्तानी की जिनमें से 39 भारत ने जीते, 33 हारे व 2 में कोई परिणाम नहीं निकला। वे बहुत अच्छे रणनीतिकार नहीं थे और न ही खेल की बारीकियों के अच्छे जानकार या फिर चतुर व दाँवपेच से खेलने वाले कप्तान ही थे। वे मानते थे कि टेस्ट स्तर पर खिलाड़ी को स्वयं जिम्मेदारी व जवाबदारी से खेलना चाहिए। वे एक ही बात कहते थे–'दिल से खेलेंगे'। उनके जमाने में एकदिवसीय क्रिकेट बेहद लोकप्रिय हो चला था और यही कारण है कि उनकी कप्तानी में भारत ने टेस्ट तो 34 ही खेले किन्तु एकदिवसीय मैच 74 खेले। वे एकदिवसीय क्रिकेट में सफलतम कप्तानों में से थे।

अज़हरुद्दीन ने 'वंडरबॉय' के रूप में अपना टेस्ट जीवन शुरू किया और कपिल देव जैसे सुपर स्टार और दिलीप वेंगसरकर, रवि शास्त्री व कृष्णामाचारी श्रीकांत की अल्प अवधि की कप्तानी के बाद भारतीय टीम की कप्तानी सँभाली। उन्होंने 47 टेस्ट में कप्तानी की जिनमें से भारत ने 14 जीते, 14 ही हारे व 19 टेस्ट 'ड्रॉ' रहे। वे अपने समय में भारत को सबसे अधिक टेस्ट जितवाने वाले कप्तान थे। एकदिवसीय क्रिकेट के बढ़ते चलन के दौरान उन्होंने 174 एकदिवसीय मैचों में कप्तानी की जिनमें से 90 भारत ने जीते, 76 हारे, 2 'टाई' हुए और 6 में परिणाम नहीं निकला। वह अब तक भारत के सर्वाधिक एकदिवसीय मैच जीतने वाले कप्तान हैं। एक कलात्मक बल्लेबाज के रूप में समूचे क्रिकेट जगत् में विख्यात अज़हर ने कप्तानी की शुरुआत तो कपिल की उपस्थिति में दबे-दबे ही की किन्तु कपिल की निवृत्ति के बाद वे खुलकर कप्तानी करने लगे। तभी उन्हें कप्तानी की ताकत का भी अहसास हुआ और वेंकटपति राजू, अरशद अय्यूब व सुनील जोशी जैसे गेंदबाजों को अहमियत देने के कारण वे विवादों में भी घिरे। दुर्भाग्यवश मैच फिक्सिंग के आरोप लगने के बाद उन्हें कप्तानी व खेल दोनों से हटना पड़ा। स्वभाव से शर्मीले अज़हर मैदान पर तो अच्छे व कामयाब कप्तान साबित हुए।

तेंदुलकर वैसे तो 1996 से कप्तानी कर रहे थे किन्तु कप्तानी उन्हें कभी रास नहीं आई। अज़हरुद्दीन के बाद भी सचिन तेंदुलकर को ही कप्तानी दी गई। परन्तु कुछ टेस्ट व एकदिवसीय मैचों के बाद जब उन्होंने कप्तानी न करने का फैसला किया तब सौरभ गांगुली को कप्तान बनाया गया। अज़हरुद्दीन के बाद जब देश को एक मज़बूत, दमदार व स्वाभिमानी कप्तान की आवश्यकता थी तब मुसीबत की घड़ी में सौरभ गांगुली ने कमान सँभाली। उन्होंने 5 साल

में 49 टेस्ट मैचों में कप्तानी की जिनमें से 21 जीते, 13 हारे व 15 'ड्रॉ' रहे। इस तरह वे अज़हरुद्दीन को पीछे छोड़ते हुए भारत के सबसे अधिक टेस्ट जीतने वाले कप्तान बने। 146 एकदिवसीय मैचों में कप्तानी करके गांगुली भारत के सर्वाधिक एकदिवसीय मैचों में खेलने वाले कप्तान भी बने और 76 मैच जीतकर कुल मिलाकर प्रतिशत की दृष्टि से सफलतम कप्तान भी।

आधुनिक क्रिकेट में तनातनी, अक्खड़पन, आक्रामकता और जैसे को तैसा की प्रवृत्ति बहुत बढ़ गई है। राष्ट्रीय गौरव व स्वाभिमान तो टाइगर पटौदी ने अपनी कप्तानी से स्थापित किया ही था। गांगुली के कप्तान बनने के बाद भारत को एक ऐसा कप्तान भी मिला जो प्रतिस्पर्धी कप्तानों को बराबरी से जवाब दे सके, फिर भले ही वे स्टीव वॉ हों या नासिर हुसैन या फिर रिकी पोंटिंग। उन्होंने स्टीव वॉ को मैदान पर इंतज़ार करवाकर एहसास करवा दिया कि यदि वे अपनी टीम के कप्तान हैं तो सौरभ गांगुली अपनी टीम के। पोंटिंग ने जब पिछले भारतीय दौरे में एक पुरस्कार-वितरण समारोह के दौरान भारतीय बोर्ड अध्यक्ष व केन्द्रीय मंत्री शरद पवार को हाथ से इशारा कर दूर हटने की ही नहीं, उन्हें धकियाकर पीछे करने की बेशर्मी की तो गांगुली भी ऐसी ही हरकतों से उन्हें जवाब देते रहे। यही नहीं, उन्होंने फ्लिंटॉफ़ की हरकतों का जवाब भी लॉर्ड्स पर अपनी कमीज़ लहराकर दिया। माना कि यह सब क्रिकेट जैसे भद्र खेल में अनुचित है परन्तु अपनी उपस्थिति व महत्त्व को साबित करने के लिए कभी-कभी ऐसे गलत काम भी आवश्यक हो जाते हैं। जो भी हो, भारत को पहली बार एक लड़ाका, आक्रामक, स्वाभिमानी व अक्खड़ कप्तान मिला। यही नहीं, उन्होंने अपने साथी खिलाड़ियों का सदैव साथ देकर उनका विश्वास जीता व उन्हें सदैव प्रेरित भी किया। 2003 का विश्व कप उनकी इसी छवि का उदाहरण है जब भारत फाइनल दौर तक पहुँचा। छह साल तक और इतने अधिक मैचों में कप्तानी करते रहने से यह भी हुआ कि गांगुली ताकतवर बनते गए। लगातार दो साल तक बल्लेबाजी में असफल रहने व ग्रेग चैपल के कोच बनने के बाद उनसे मतभेद के कारण गांगुली को कप्तानी से भी हाथ धोना पड़ा व टीम से भी बाहर होना पड़ा। वे टीम में वापस भी आए व 2007 में बल्लेबाजी में सफल भी हुए। किन्तु श्रीलंका में खराब प्रदर्शन के बाद जब ऑस्ट्रेलिया का भारत दौरा शुरु हुआ तो गांगुली ने शृंखला के बाद निवृत्ति की घोषणा कर दी। मोहाली में खेले गए दूसरे टेस्ट में उन्होंने शतक भी बनाया पर वे निवृत्ति के अपने फैसले पर कायम रहे। एक लड़ाके, जुझारू व स्वाभिमानी कप्तान के रूप में उन्हें सदैव याद किया जाएगा।

गांगुली के बाद कप्तानी राहुल द्रविड़ को सौंपी गई। अपनी मज़बूत व विश्वसनीय बल्लेबाजी के लिए विख्यात द्रविड़ तकनीक, सिद्धांत और तर्क के आधार पर सुयोग्य व्यक्ति थे। उनका खेल के इतिहास का व तकनीकी ज्ञान भी अद्‍भुत है। उन्होंने कप्तान के रूप में शुरुआत भी अच्छी ही की। एकदिवसीय मैचों में तो वे 2000 से ही कप्तानी करते आ रहे थे परन्तु टेस्ट क्रिकेट में उन्होंने 2003 से लेकर 2007 तक 4 वर्षों में 25 टेस्ट में कप्तानी की जिनमें से 8 में जीते, 6 में पराजित हुए और 11 टेस्ट 'ड्रॉ' रहे। इसी तरह एकदिवसीय क्रिकेट में उन्होंने 79 मैचों में कप्तानी की जिनमें से भारत 42 में जीता, 33 में हारा व 4 में कोई परिणाम नहीं आ पाया। कप्तान के रूप में वे अच्छा और प्रभावी प्रदर्शन कर रहे थे। भारतीय क्रिकेट कंट्रोल बोर्ड का भी उन्हें पूरा समर्थन मिल रहा था तथा चयन समिति भी उनके कार्य से संतुष्ट थी। परन्तु 2007 के इंग्लैण्ड दौरे के बीच में ही उन्होंने बोर्ड को सूचित किया कि वे अपनी बल्लेबाजी पर ही ध्यान केन्द्रित करना चाहते हैं, अत: कप्तानी छोड़ देंगे। सभी उनके इस अकस्मात् लिये गए निर्णय से आश्चर्यचकित थे परन्तु सभी ने उनके निर्णय का सम्मान किया। आखिर उन्होंने अनायास यह फैसला क्यों किया और अपने समर्थकों, बोर्ड व चयन समिति से इस बारे में विचार-विमर्श क्यों नहीं किया, इसका खुलासा नहीं हो पाया। यह निर्णय उनका स्वयं का था या कुछ खिलाड़ियों का समर्थन व सहयोग न मिलने के कारण विवशता में लिया गया फैसला था यह भी स्पष्ट नहीं हो पाया। खबरें ऐसी भी थीं कि सहवाग, युवराज व हरभजन जैसे खिलाड़ी उनका पूरी तरह साथ नहीं दे रहे थे। जो भी हो, एक होनहार, योग्य व उज्ज्वल भविष्य तथा संभावनाओं वाला खिलाड़ी अनायास, असमय कप्तानी छोड़ बैठा।

द्रविड़ के बाद बोर्ड ने टेस्ट क्रिकेट व एकदिवसीय क्रिकेट के लिए अलग-अलग कप्तान बनाने का फैसला किया। टेस्ट क्रिकेट की कप्तानी दी गई अनिल कुंबले को और एकदिवसीय क्रिकेट की कमान सौंपी गई महेन्द्र सिंह धोनी को। 600 से अधिक टेस्ट विकेट लेने वाले कुंबले भारत के पहले व एकमात्र तथा विश्व के तीसरे गेंदबाज हैं। परन्तु वह 38 के हो चुके थे और उनके कंधे की शल्य-चिकित्सा भी हो चुकी थी। वैसे खेल ज्ञान के आधार पर वे योग्य व्यक्ति थे लेकिन उम्र के उतार पर थे। ऑस्ट्रेलिया के विरुद्ध 2008 की घरेलू श्रृंखला के पहले तक उन्होंने 12 टेस्टों में भारत की कप्तानी की जिनमें से 3 में भारत जीता, 5 में पराजित हुआ जबकि 4 'ड्रॉ' रहे। एकदिवसीय क्रिकेट में उन्होंने सिर्फ एक मैच में कप्तानी की और उसमें भारत जीता। यदि

उन्हें कुछ वर्ष पहले कप्तानी मिली होती तो शायद उनकी सफलता और ज्यादा चमकीली होती। पर पहले कभी ऐसी स्थिति ही निर्मित नहीं हुई थी कि उन्हें कप्तान बनाया जाता। गांगुली को हटाकर द्रविड़ को कप्तान बनाने के बाद ऐसा कभी नहीं लगा कि द्रविड़ कप्तानी न करने का फैसला कर सकते हैं। जो भी हो, कुंबले को अपनी कप्तानी का कौशल दिखा पाने का पर्याप्त अवसर ही नहीं मिल पाया। गुलाम अहमद व बिशनसिंह बेदी के बाद उन्हें भारत के तीसरे स्पिनर कप्तान बनने का गौरव अवश्य मिला।

झारखंड के महेन्द्र सिंह धोनी पहले विकेटकीपर बल्लेबाज के रूप में भारत की एकदिवसीय टीम में आए और फिर उन्होंने टेस्ट टीम में भी जगह बनाई। कभी पार्थिव पटेल व दिनेश कार्तिक उनसे बेहतर विकेटकीपर माने जाते थे और वरीयता भी उन्हें ही मिली। भारत की 'ए' टीम में भी दिनेश कार्तिक पहले व धोनी दूसरे विकेटकीपर थे। पर जब कार्तिक भारतीय टीम में आए तो धोनी ने विकेटकीपर व आक्रामक बल्लेबाज के रूप में भारत की 'ए' टीम के लिए जोरदार प्रदर्शन किया। धीरे-धीरे वे पहले सीमित ओवर के एकदिवसीय क्रिकेट में और फिर टेस्ट क्रिकेट में स्थापित हो गए। ऐसा ही कप्तानी के मामले में हुआ। उन्हें पहले एकदिवसीय टीम का कप्तान बनाया गया और टेस्ट कप्तान की अनुपस्थिति में वे टेस्ट मैच में भी कप्तानी करने लगे। आई.सी.सी. ट्रॉफ़ी के लिए 20-20 स्पर्धा में उन्हें भारतीय टीम की कप्तानी सौंपी गई। गांगुली, तेंदुलकर व द्रविड़ उस स्पर्धा में नहीं खेलने का निर्णय ले चुके थे और दक्षिण अफ्रीका में खेली गई 20-20 स्पर्धा जीतकर धोनी ने कप्तान के रूप में भी लोगों का दिल जीत लिया। उन्होंने अभी तक 36 एकदिवसीय मैचों में कप्तानी की है जिनमें से 19 भारत ने जीते हैं, 14 हारे हैं और 3 में कोई निर्णय नहीं आया। ये आंकड़े 2008 की ऑस्ट्रेलिया के विरुद्ध घरेलू श्रृंखला के पहले के और श्रीलंका दौरे के बाद तक के हैं। श्रीलंका में भारत टेस्ट श्रृंखला तो हार गया लेकिन एकदिवसीय श्रृंखला जीत कर लौटा। इससे कप्तान धोनी का यश भी बढ़ा और उनका आत्मविश्वास भी। टेस्ट क्रिकेट में तो उन्हें अभी तक कम ही मौका मिला है और उसमें वे सफल हैं। धोनी जिस तेज़ी से परिपक्व हुए हैं और मैच दर मैच सीखते व अनुभव प्राप्त करते जा रहे हैं वह सराहनीय है। उन्हें बल्लेबाजी में उद्घाटक बल्लेबाज से लेकर ऊपरी मध्यक्रम और निचले मध्यक्रम पर भेजा जाता रहा है और वे क्रम व परिस्थिति के मान से जिस तरह तालमेल बैठाते हैं वैसा कम ही देखने को मिलता है। अपनी आक्रामक व विध्वंसक बल्लेबाजी के लिए प्रसिद्ध धोनी

आवश्यकता पड़ने पर तकनीकबद्ध स्थापित बल्लेबाजों से भी अधिक सँभलकर व जिम्मेदारी से खेले हैं। यह दर्शाता है कि धोनी ने बहुत अधिक तरक्की की है। खास बात यह है कि वे कभी विचलित नहीं होते और न ही कभी आक्रोश में दिखाई देते हैं। वे धैर्यपूर्वक व पूरी एकाग्रता से स्थिति का आकलन करते हैं व तदनुसार निर्णय लेते हैं। वे अपने साथी खिलाड़ियों का पूरा ध्यान रखते हैं व उनकी टीम के खिलाड़ी भी उन्हें चाहते व उनके लिए सब कुछ करने के लिए तैयार रहते हैं। गांगुली, तेंदुलकर, लक्ष्मण, सहवाग, हरभजन व युवराज जैसे वरिष्ठ खिलाड़ियों की टीम का नेतृत्व करना आसान नहीं है पर धोनी ने यह काम बखूबी किया है। अंतर्राष्ट्रीय क्रिकेट के तनाव व दबाव को वे अच्छी तरह झेलते हैं। उनका मानसिक संतुलन उच्च कोटि का है और इसी कारण वे सफल हैं। कम पढ़े-लिखे और ठेठ देशी अंदाज़ में खेलते व कप्तानी करते हुए, विकेट के पीछे से अपने साथियों को हिन्दी में समझाते हुए धोनी भविष्य के लिए भी आश्वस्त करते हैं। तभी तो उन्हें टेस्ट मैचों की भी कप्तानी सौंपी गई। टेस्ट क्रिकेट में उन्हें कप्तान बनाकर कम से कम दो या तीन वर्षों के लिए तो आश्वस्त हुआ ही जा सकता है। यदि वे 'फिट' बने रहे तो क्रिकेट की पर्याप्त सेवा करेंगे। विकेटकीपिंग, बल्लेबाजी और कप्तानी, ये तीनों कार्य एक साथ उन जैसा शारीरिक व मानसिक रूप से सक्षम, मजबूत व योग्य व्यक्ति ही कर सकता है। उन्होंने जो कुछ प्राप्त किया है वह कड़ी मेहनत से प्राप्त किया है। आधुनिक क्रिकेट जिस प्रकार व्यावसायिक व पेशेवर होता जा रहा है उसके लिए धोनी ही उपयुक्त कप्तान होंगे।

कप्तान बनने का सपना तो सभी देखते हैं पर सभी कप्तान नहीं बन सकते और अच्छे, योग्य व कामयाब कप्तान तो विरले लोग ही बन पाते हैं। जिनमें कप्तानी के गुण तथा योग्यता होती है वे योजना बनाकर खेलते हैं और अपनी योजना के क्रियान्वयन के लिए उनके पास अनेक विकल्प होते हैं ताकि यदि एक विकल्प सफल न हो तो दूसरा, और दूसरा भी न हो तो तीसरा आजमा सकें। जिस कप्तान के पास जितने अधिक विकल्प होते हैं उसकी सफलता की उम्मीद भी उतनी ही अधिक होती है। एक अच्छा कप्तान हर बार कुछ नया करने की कोशिश करता है, फिर चाहे वह गेंदबाजी में परिवर्तन हो या गेंदबाजों का छोर बदलना या फिर उनसे 'राउण्ड द विकेट' अथवा 'ओवर द विकेट' गेंदबाजी करवाना या फिर अनियमित गेंदबाज से गेंदबाजी करवाना। कभी उसकी चाल सही बैठती है तो कभी गलत। जब सही बैठती है तो उसकी पीठ ठोकी जाती है और जब गलत बैठती है तो उसे गालियाँ दी जाती हैं।

क्रिकेट में सभी कुछ कितना अनिश्चित है! तभी तो उसे भाग्य या अवसर प्रधान खेल माना जाता है। इसी में उसका आनंद छिपा है। नई गेंद लेने अथवा न लेने का फैसला भी कभी-कभी उल्टा पड़ जाता है। एक कप्तान को ऐसे ही नाजुक दौर से गुजरना पड़ता है। जीतने पर उसे श्रेय मिलता है तो उस श्रेय की भागीदारी के लिए और भी लोग हाजिर हो जाते हैं पर हारने पर हार का ठीकरा कप्तान के सिर पर ही फूटता है। हार के वक्त उसके साथ कोई खड़ा नहीं होता। तभी तो अक्सर हार के बाद कप्तान बदल दिया जाता है और यह सभी देशों में होता है।

कप्तानी एक हुनर है, गुण है, कला है, यानी विशेषता है। आप विभिन्न कप्तानों को देखकर व उनके प्रदर्शन पर बारीक नज़र रखकर ही उन खूबियों का पता लगा सकते हैं जो कि एक अच्छे कप्तान में होनी चाहिए। कप्तान किसी साँचे में नहीं ढलते। वे तो स्वप्रेरणा से ऐसे मैदानी फैसले लेते हैं कि उनका जीवन व खेल एक मिसाल बन जाता है। वेस्टइंडीज़ के महान कप्तान सर फ्रेंक वॉरेल के गुणों का आज तक बखान होता है। वॉरेल अपने साथी खिलाड़ियों में बिजली जैसा जोश भरकर उन्हें अपना श्रेष्ठ प्रदर्शन करने के लिए प्रेरित करते थे और उनमें इच्छाशक्ति का ऐसा संचार करते थे कि वे अपना सब कुछ टीम को देने के लिए तैयार रहते थे। जब जोश हो, आत्मविश्वास व इच्छाशक्ति हो तो भला कौन-सा लक्ष्य असंभव है? स्वयं अच्छा खेलना व अपने साथियों को अच्छा खेलने के लिए प्रोत्साहित व प्रेरित करना तथा उनसे अच्छा प्रदर्शन करवाना ही तो कप्तान का लक्ष्य है। वॉरेल ने वही किया। उन्होंने स्वयं अपने लिए खेलने के बजाय टीम के लिए यानी अपने देश के लिए खेलने को अहमियत दी। यह कथन कि कप्तान तो जन्मजात होते हैं आंशिक रूप से ही सही है और कुछ गिने-चुने लोगों पर ही सही बैठता है। इसी के साथ यह कहना भी कि सतत प्रयास, परिश्रम व अनुभव के बल पर अच्छा कप्तान बना जा सकता है, चंद अपवादों पर ही लागू होता है। एक अच्छा कप्तान कठिन एवं विपरीत परिस्थितियों में दूसरों को बलि का बकरा बनाने के बजाय स्वयं अपना सिर आगे करता है। तभी तो उसके साथी खिलाड़ी उसके लिए सब कुछ करने के लिए तैयार रहते हैं। जब कोई बाध्यता हो तथा किसी खिलाड़ी की कप्तानी इतनी अद्वितीय लगती हो कि उसके कप्तान बनाने से कप्तानी की समस्या का निदान हो सकता हो तभी उसके अंतिम ग्यारह में खिलाए जाने योग्य न होने के बावजूद कप्तान बनाया जाना चाहिए। आधुनिक क्रिकेट इतिहास में इंग्लैण्ड के माइक ब्रेयली के अपवाद के अतिरिक्त ऐसा

कोई अन्य उदाहरण नहीं मिलता जब ग्यारह के योग्य न होते हुए भी किसी को कप्तान बनाया गया हो। कप्तान वही अच्छा होगा जो बतौर खिलाड़ी अन्तिम ग्यारह में खेलने योग्य हो; अन्यथा वह एक योग्य खिलाड़ी का स्थान ही घेरेगा। अब वो दिन गए जब भारत में पैसे या रौब के दम पर कप्तान बनाए जाते थे। अब जो कुछ होता है वह टेलीविज़न पर सीधे प्रसारण के कारण सबको दिखाई देता है। कमज़ोर खिलाड़ी आसानी से पकड़ में आ जाता है।

एक बार ऑस्ट्रेलिया के पूर्व खिलाड़ी और अब कमेंटेटर इयान चैपल से पूछा गया था कि कप्तानी प्रेरणा व प्रतिभा का प्रतिफल है या कड़ी मेहनत व सतत अभ्यास का, तो चैपल ने बहुत उपयुक्त उत्तर दिया था। उन्होंने कहा था कि कप्तानी 10 प्रतिशत प्रतिभा तथा 90 प्रतिशत मेहनत का मिश्रित परिणाम है। पर यदि किसी में 10 प्रतिशत प्रतिभा नहीं है तो उसके बारे में सोचा भी नहीं जाना चाहिए। एक अच्छा कप्तान बनने के लिए प्रतिभा व मेहनत दोनों की ही आवश्यकता होती है। न तो केवल प्रतिभा के आधार पर व्यक्ति अच्छा कप्तान हो सकता है और न ही केवल मेहनत के आधार पर। प्रतिभा व मेहनत का मिश्रण या तालमेल ही अच्छी कप्तानी का मूलमंत्र है। किन्तु यदि किसी में प्रतिभा ही नहीं हो तो उसे कदापि कप्तान नहीं बनाया जाना चाहिए। स्पष्ट है कि कप्तानी की प्रतिभा कप्तानी की मूलभूत आवश्यकता है। वही उसकी पहली शर्त है। यदि प्रतिभा हो तो उसे परिश्रम व अनुभव द्वारा विकसित किया जा सकता है। यदि वही नहीं है तो व्यक्ति कप्तानी के लिए विचार करने योग्य ही नहीं है। आप इस बात से सहमत होंगे कि कप्तानी एक कठिन राह है और कप्तान चुनना कितना कठिन कार्य है। कप्तानी के प्रशिक्षण के लिए कहीं कोई अकादमी नहीं है क्योंकि कप्तानी प्रशिक्षण से प्राप्त नहीं की जा सकती। हाँ, यदि किसी में कप्तानी की मूल प्रतिभा है तो उसे विकसित अवश्य किया जा सकता है। कप्तानी को आप जितनी अच्छी तरह देख व अनुभव कर सकते हैं उतनी अच्छी तरह शब्दों में अभिव्यक्त नहीं कर सकते।

मैंने गाहे बगाहे किसी समझौते या विवशता में कप्तान बनाए गए उन खिलाड़ियों का वर्णन नहीं किया है जिन्होंने एक या दो अथवा तीन शृंखलाओं या टेस्ट मैचों में कप्तानी की। ऐसे लोगों में हेमू अधिकारी, पंकज रॉय, चन्दू बोर्डे, डी.के. गायकवाड, गुलाम अहमद, श्रीकांत व रवि शास्त्री प्रमुख हैं। परिस्थिति का सही आकलन अर्थात् मैच के उतार-चढ़ाव को संयमित, संतुलित एवं अविचलित ढंग से एवं पूरी एकाग्रता से देखने की खूबी ही एक आदर्श कप्तान को दूसरों से अलग ला खड़ा करती है।

कोट्टारी कनकय्या नायडू

कोट्टारी कनकय्या नायडू

दस्तावेजों के आधार पर 31 अक्टूबर, 1895 को नागपुर में पैदा हुए कोट्टारी कनकय्या नायडू क्रिकेट जगत् में सी.के. या कर्नल नायडू के नाम से ही विख्यात हैं। क्रिकेट के शौकीन व क्रिकेट पर बतियाने व पढ़ने-लिखने तथा अच्छा क्रिकेट देखने व परखने की योग्यता रखने वाले पुराने लोगों से यदि आप बात करें तो लगभग सभी एक मत से कर्नल नायडू को भारत का श्रेष्ठ ही नहीं सार्वकालिक महान खिलाड़ी बताएँगे। यही नहीं, उन्हें क्रिकेट के पुराने जानकार व आधुनिक क्रिकेट देख रहे पंडित भारत का श्रेष्ठ क्रिकेट कप्तान भी मानते हैं।

पर विडंबना देखिए कि 1932 में इंग्लैण्ड जाकर अपना पहला टेस्ट खेलकर टेस्ट जीवन का आरंभ करने वाली भारतीय टीम के कप्तान कर्नल नायडू नहीं थे बल्कि पोरबंदर के महाराणा थे। तब अंग्रेजों, राजा-महाराजा एवं नवाबों का बहुत प्रभाव था।कोट्टारी कनकय्या नायडू उन्हीं की पसंद से कप्तान भी बनता था व टीम भी चुनी जाती थी। पोरबंदर भी मनुष्य तो

अच्छे थे परन्तु खिलाड़ी साधारण स्तर के थे। नायडू 1926 में गिलिगन की टीम के खिलाफ 155 रनों की ऐतिहासिक पारी खेलकर अपनी श्रेष्ठता का परिचय दे चुके थे। वह तो पोरबंदर की सदाशयता व संस्कारप्रियता थी कि उन्होंने उस दौरे के अधिकांश भाग में कप्तानी की जवाबदारी सी.के. को सौंपी। अवश्य ही सी.के. नायडू उस दौर की टीम के श्रेष्ठ खिलाड़ी व हर दृष्टि से कप्तान होने योग्य व्यक्ति थे पर पोरबंदर के हट जाने के फैसले के कारण ही वे 1932 के लॉर्ड्स टेस्ट में भारतीय टीम का नेतृत्व कर सके। इस प्रकार अपनी टेस्ट यात्रा का प्रारम्भ करने वाली भारतीय टीम के प्रथम कप्तान सी.के. नायडू ही थे। परन्तु यह प्रसंग संयोगवश ही हुआ था वरना अंग्रेजों और राजघरानों की क्रिकेट में दखलंदाज़ी 1940 तक चली।

कर्नल नायडू क्रिकेट की बारीकियों व प्रतिस्पर्धी टीम को परखने की क्षमता रखने वाले एक आक्रामक कप्तान थे। एम.सी.सी. के विरुद्ध लॉर्ड्स पर खराब रोशनी एवं वर्षा के कारण चार बजे तक तो मैच ही आरम्भ नहीं हो सका किन्तु फिर भी बारह हजार दर्शक मैदान पर जमे रहे। सी.के. नायडू ने वर्षा से बाधित इस मैच में उच्चस्तरीय ऑलराउंड प्रदर्शन किया। लॉर्ड्स टेस्ट भारत का तो पहला टेस्ट था ही, नायडू का भी पदार्पण टेस्ट था। नायडू भारतीय टीम की कप्तानी कर रहे थे और डगलस जार्डिन इंग्लैण्ड की टीम की। मात्र आधा घंटे के खेल में इंग्लैण्ड के 19 रनों पर 3 विकेट गिर गए। सी.के. ने अच्छी कप्तानी की तथा अपने गेंदबाजों का बेहतरीन उपयोग करते हुए इंग्लैण्ड की पारी को 259 रनों पर सीमित किया। यही नहीं, अपने स्ट्रोक्स के लिए विख्यात हेमंड जैसे आक्रामक बल्लेबाज को सहमकर व सुरक्षात्मक शैली में खेलने के लिए बाध्य किया। सी.के. के खेल में स्पंदन, जादू व

आकर्षण तो था किन्तु भारतीय टीम इंग्लैण्ड के तेज़ गेंदबाज नहीं अपितु स्पिन गेंदबाजों के समक्ष लड़खड़ा कर मात्र 189 रनों पर आउट हो गई। इंग्लैण्ड ने दूसरी पारी 8 विकेट पर 275 रनों पर घोषित कर दी और भारत की द्वितीय पारी 187 रनों पर सिमट गई। भारत 158 रनों से हार तो गया किन्तु भारतीय खिलाड़ियों व नायडू की कप्तानी ने सभी को, विशेषकर नेविल कार्ड्स को, प्रभावित किया।

सी.के. ने अपनी डायरी में जहाँ इंग्लैण्ड की टीम व उसके खिलाड़ियों की प्रशंसा की है वहीं भारत की सीमित गेंदबाजी व खराब क्षेत्ररक्षण का भी उल्लेख किया है और लिखा है कि कई बार आसान कैच गिरा दिये गए व रन आउट के अवसरों को गँवा दिया गया। उन्होंने यह भी लिखा है कि भारत टेस्ट तो हारा किन्तु वह अपमानित नहीं हुआ। घायल खिलाड़ियों ने भारत की समस्याओं को और बढ़ा दिया।

स्वाभिमान, गौरव की भावना, आक्रामक शैली व प्रतिस्पर्धी पर सदैव हावी रहने का स्वभाव, सामने वाले को सदैव दबाए रहने व खुद से कमतर आँकने व हिकारत से देखने का दृष्टिकोण और निजी क्षमता पर पूरा भरोसा – ये ऐसे गुण थे जिन्होंने उन्हें सफल कप्तान बनाने में मदद की। उनका व्यक्तित्व तो रौबीला व आकर्षक था ही। छह फुट से ऊँचा कद, मज़बूत काठी, चौड़ी छाती व बलिष्ठ कंधे तथा कलाइयाँ पहली दृष्टि में ही उन्हें ऐसे दुर्लभ नायक के रूप में प्रस्तुत करती थीं जिसे देखकर प्रतिस्पर्धी भी हतप्रभ रह जाते थे। उनकी चाल-ढाल भी एक स्वाभिमानी तथा दबंग प्रवृत्ति के मनुष्य की सी थी। 1932 के लॉर्ड्स टेस्ट में क्षेत्ररक्षण करते हुए हाथ में चोट लग जाने पर भी उन्होंने पहली पारी में जिस तरह 40 रन बनाए उसे देख कर इंग्लैण्ड के क्रिकेट विशेषज्ञ उनके मुरीद हो गए थे। मुसीबत के क्षणों एवं चुनौतीपूर्ण व विपरीत परिस्थितियों में अदम्य साहस का परिचय देते हुए अपना श्रेष्ठ प्रदर्शन करना उनका नैसर्गिक गुण था। अदम्य साहस से भरपूर उनकी इस खूबी के क्रिकेट इतिहास में अनेक उदाहरण हैं। 1936 के ओवल टेस्ट में जब गबी एलन की एक तेज़ व ऊपर उठी हुई गेंद उनके दिल के पास की पसलियों में लगी तो पूरे मैदान में सन्नाटा छा गया। मगर सी.के. ने बिना कोई डॉक्टरी सहायता लिए खेलना जारी रखा। यही नहीं उन्होंने अपना आक्रामक रुख भी नहीं छोड़ा और इसी अंदाज़ में खेलते हुए 81 महत्त्वपूर्ण रनों की पारी खेली। अत: परिस्थितियों को देखते हुए उनकी इस पारी का महत्त्व स्वयं बढ़ जाता है। विपरीत व चुनौतीपूर्ण परिस्थिति में अच्छा खेलना उन्हें हमेशा सुहाया। यह उनके व्यक्तित्व

का आकर्षण ही था कि उनके मैदान पर आते ही अन्य खिलाड़ी उनके सामने मेमने से लगने लगते थे। 1945-46 में बड़ौदा के विरुद्ध रणजी फाइनल में यद्यपि सी.के. 50 की उम्र पार कर चुके थे किन्तु फिर भी उन्होंने युवाओं को शर्मसार करते हुए पहली पारी में 200 रन बनाए। फिर 1951-52 के रणजी फाइनल में मुंबई के विरुद्ध दत्तू फडकर की एक ऊपर उठती हुई गेंद के मुँह पर लग जाने व दाँत टूट जाने के बाद भी बिना किसी डॉक्टरी सहायता के खेलना जारी रखा व 66 यादगार रन बनाए। इससे 1936 के ओवल टेस्ट की उस घटना की याद ताज़ा हो गई जब एलन की गेंद पर घायल हो जाने के बाद भी उन्होंने 81 रन बनाए थे। 1952-53 में सी.के. की अति आक्रामक कप्तानी व दृष्टिकोण के बावजूद अत्यधिक रोचक, सनसनीपूर्ण एवं घटनाप्रधान परिस्थिति में होल्कर टीम पहली पारी की 17 रनों की बढ़त के आधार पर फाइनल जीती अन्यथा दूसरी पारी में आक्रामक खेलते रहने के कारण हार की नौबत आ गई थी। वह तो गायकवाड व धनवडे की आखिरी विकेट की भागीदारी के 90 मिनट तक टिकने के कारण टीम पराजय से बची। परन्तु सी.के. का यही कहना था कि उन्हें अपने खिलाड़ियों की क्षमता पर भरोसा था। तभी तो जब 11वें क्रम के बल्लेबाज धनवडे खेलने जा रहे थे तो उन्होंने उनसे कहा था कि उन्हें अब भी जीत का विश्वास है।

किन्तु दुर्भाग्यवश अच्छे कप्तान होते हुए भी वे टेस्ट क्रिकेट में कभी मैच जिताने वाले कप्तान साबित नहीं हुए। न वे ऐसी टीम के सदस्य ही रहे जिसने टेस्ट जीता हो। 1932 में तो भारत उनकी कप्तानी में लॉर्ड्स टेस्ट हारा ही, 1935-36 में जैक राइडर की टीम के भारत दौरे में जो चार अनधिकृत टेस्ट खेले गए उनमें से नायडू सिर्फ दो में खेले व कप्तानी भी की और दोनों में भारतीय टीम पराजित हुई। लाहौर व मद्रास में सी.के. नहीं खेले और इन दोनों में भारतीय टीम जीती। 1936 में भारतीय टीम इंग्लैण्ड गई और उसे 2-0 से पराजित होना पड़ा। 1933-34 में भारत आई एम.सी.सी. की टीम भी भारत से 2-0 से जीत कर गई थी। सी.के. का प्रदर्शन इन सभी मैचों में उनकी ख्याति के प्रतिकूल रहा। इसे आप दु:खद संयोग ही कहेंगे कि अंतरराष्ट्रीय क्रिकेट में महान नायडू न तो कभी जीतने वाली टीम के कप्तान रहे और न ही जीतने वाली टीम के सदस्य रह पाए।

उनकी कप्तानी की आलोचना करने वाले भी कम नहीं थे। उनके सबसे प्रबल आलोचक तो एम.ई. पवरी थे जो 1888 में पारसियों की टीम के साथ इंग्लैण्ड का दौरा कर चुके थे और मानते थे कि सी.के. के बजाय उन्हें कप्तान

के रूप में 1932 में इंग्लैण्ड जाना था। पवरी के अनुसार सी.के. आत्मकेन्द्रित व्यक्ति थे अत: खिलाड़ियों से घुलने मिलने के स्थान पर उनसे दूर रहते थे और इस कारण उन्हें अपने साथियों का समर्थन प्राप्त नहीं था। उनके क्षेत्ररक्षण की जमावट भी दोषपूर्ण थी और 'डीप थर्डमैन' पर किसी को तैनात न करना गलत था। उन्होंने अपने गेंदबाजों का ठीक ढंग से उपयोग नहीं किया तथा वे गेंदबाजी में अनुचित फेरबदल करते रहे। ये सभी आरोप उन टिप्पणियों के ठीक उलट थे जिनके अनुसार सी.के. की नीति, योजना व कप्तानी की अंग्रेज समीक्षकों ने भी प्रशंसा की थी। स्पष्ट है, पवरी की आलोचना पूर्ण रूप से निजी स्वार्थ एवं ईर्ष्या पर आधारित थी। 'डीप थर्डमैन' न रखने का उनका अपना तर्क था। वे मानते थे कि उनके गेंदबाज इतनी 'शार्ट पिच' गेंदें फेंकें ही क्यों कि बल्लेबाज उनको 'थर्डमैन' की दिशा में कट करें। एक बार उनके एक प्रतिस्पर्धी विदेशी कप्तान ने जब उनसे कहा कि यदि वे 'थर्डमैन' रखते तो चौका न जाता, तो सी.के. ने कहा कि वह चौका भी एक 'स्निक' या 'मिसहिट' ही था और ऐसा कभी कभार किसी भी गेंदबाज के साथ हो सकता है। पर पूरी पारी में ऐसे एक या दो अनायास लगे चौके के लिए एक क्षेत्ररक्षक बरबाद करना भला कहाँ की बुद्धिमानी है?

वास्तव में सी.के. सदैव खेल का उच्च स्तर अपने सामने रखकर खेलते थे। उनके अपने खेल का स्तर भी ऊँचा था और वे उसी ऊँचे स्तर की अन्य खिलाड़ियों से भी अपेक्षा करते थे। पर सी.के. की खेल क्षमता दूसरों से कहीं अधिक उच्च स्तर की थी। आक्रमण सी.के. का जन्मजात गुण था और यही गुण वे अन्य खिलाड़ियों में भी देखना चाहते थे जो कि उनमें था ही नहीं। किस खिलाड़ी को कब व कैसे खड़े होना चाहिए व कैसे खेलना चाहिए, यह उसे स्वयं ज्ञात हो जाना चाहिए। अत: वे कभी इन छोटी-छोटी बातों पर अपना समय नष्ट करना पसंद नहीं करते थे। देश के लिए अंतर्राष्ट्रीय स्तर का क्रिकेट खेलने वाला स्वयं इतना समझदार तो होना ही चाहिए कि वह स्वयं अपना निर्णय ले सके। यह सच है कि उन्होंने सदैव अपने साथी खिलाड़ियों को अपने उच्चस्तरीय मापदंड के मान से देखना चाहा। तीन 'स्लिप' व दो 'गली' वही कप्तान लगा सकता है जो यह मानता हो व जिसे पूर्ण विश्वास हो कि उसका कोई भी गेंदबाज़ क्षेत्ररक्षण की जमावट के विपरीत गेंदबाजी नहीं करेगा और न ही 'शॉर्ट पिच' या गलत दिशा व लंबाई की गेंद फेंकेगा। वास्तव में यह एक आदर्श स्थिति थी पर सी.के. इसी आदर्श में विश्वास करते थे।

ऐसी मान्यता है कि टीम के श्रेष्ठ खिलाड़ी को ही टीम का कप्तान बनाया

जाना चाहिए। इस दृष्टि से सी.के. भारतीय टीम के कप्तान बनाए जाने के सर्वथा योग्य थे। निस्संदेह वह टीम के श्रेष्ठ खिलाड़ी थे। खेल के हर विभाग में वे दूसरों से बिल्कुल अलग दिखते थे। वे जो कुछ भी करते थे उसमें उनकी श्रेष्ठता व व्यक्तित्व की खूबी स्पष्ट झलकती थी, फिर भले ही वह मैदान पर गेंद को उठाकर गेंदबाज अथवा विकेटकीपर की ओर फेंकने का साधारण-सा मामला हो। जिस तरीके से वे बिल्कुल 'लेट कट' करते थे वह भी औरों से बिल्कुल अलग होता था। 'लेट कट' करते समय वे गेंद को विकेटकीपर के हाथों में जाने से ठीक पहले अपना बल्ला उस पर मारते थे और फिर बल्ले को ज़मीन तक नीचे ले जाते थे। मैंने इस तरह 'लेट कट' करते हुए किसी अन्य खिलाड़ी को नहीं देखा। वास्तव में उनका व्यक्तित्व ही इतना प्रभावशाली व आकर्षक था कि बड़े से बड़ा खिलाड़ी भी उनसे प्रभावित होकर उनके सामने हड़बड़ा जाता था। एक बार ऐसा हुआ कि वेस्टइंडीज़ के सदाबहार बल्लेबाज फ्रेंक वॉरेल अपने तंबू के बाहर मूढ़े पर बैठे हुए सिगरेट पी रहे थे। घटना इंदौर के यशवंत क्लब मैदान की है जो होल्कर टीम की कर्मभूमि हुआ करता था। अनायास सी.के. वॉरेल के सामने आकर खड़े हो गए। यकीन मानिए, वॉरेल ऐसे घबरा गए जैसे कि किसी पुत्र को उसके पिता ने सिगरेट पीते देख लिया हो और घबराहट व हड़बड़ाहट में वे उठ खड़े हुए और उन्होंने सिगरेट सी.के. की नज़रों से छिपानी व बुझानी चाही। यह सब सी.के. के प्रति उनके सम्मान का ही प्रतीक था वरना वॉरेल तो विरोधी टीम के खिलाड़ी थे, उनके लिए यह सब करना बिल्कुल आवश्यक नहीं था। लॉर्ड्स पर एक पोस्टकार्ड बिक रहा था जिसमें सी.के. नायडू व डगलस जार्डिन का फोटो था और वास्तव में कर्नल नायडू के सामने जार्डिन होटल के वेटर जैसे लग रहे थे। यही उनके करिश्माई व्यक्तित्व की विशेषता थी कि बड़े-बड़े उनके कद के सामने बौने प्रतीत होते थे। पर आवश्यक नहीं कि एक श्रेष्ठ खिलाड़ी सबसे अधिक रन बनाए या विकेट ले। मैदानी सफलता अलग बात है और खेल स्तर बिल्कुल अलग। बहुत से उच्चस्तरीय खिलाड़ी मैदान पर उतना अच्छा प्रदर्शन नहीं कर पाए हैं जितनी कि उन जैसे उच्चस्तरीय खिलाड़ी से अपेक्षा थी। सी.के. भी उन्हीं में से थे। जहाँ तक आकर्षक व्यक्तित्व का प्रश्न है, दूसरे खिलाड़ी उनके सामने कहीं नहीं टिकते थे। वे चाहते थे कि जैसे वे स्वयं थे वैसे ही दूसरे भी हों। उदाहरण स्वरूप वे सुदृढ़ कद-काठी के व बिल्कुल 'फिट' थे और चाहते थे कि उनकी टीम के अन्य खिलाड़ी भी उन जैसे ही हों। वे आक्रामक व स्वाभिमानी थे और चाहते थे कि उनके साथी भी वैसे

ही हों। प्रतिस्पर्धा करते समय वे प्रतिस्पर्धी पर हावी बने रहना चाहते थे और चाहते थे कि उनके साथी भी वैसा ही करें। वे सामने वाले को खुद से कमतर समझते थे और चाहते थे कि उनके साथी भी ऐसा ही समझें। वे निडर व साहसी थे और चाहते थे कि उनके साथी भी उन जैसे निर्भीक हों। वे बेहद स्वाभिमानी व अनुशासनप्रिय थे और चाहते थे कि उनकी टीम के खिलाड़ी भी वैसे ही हों। अब सभी तो शारीरिक व मानसिक रूप से उतने सुदृढ़ नहीं हो सकते थे और न ही थे जितने कि सी.के. थे। इसके अतिरिक्त उनकी भारतीय टीम में तीन या चार खिलाड़ी तो ऐसे थे जो क्लब स्तर के भी नहीं थे और सिर्फ अपने राजसी संपर्क के कारण टीम में थे। ऐसी स्थिति में भला उस टीम का प्रदर्शन अच्छा कैसे हो सकता था जबकि वह टीम ही सही मायनों में भारत की प्रतिनिधि टीम नहीं थी? 1936 के ओवल टेस्ट में गबी एलन की बाउंसर पर पसलियों में चोट खा जाने के बाद 81 अविस्मरणीय रन या फिर 1945-46 के रणजी फाइनल में 50 की उम्र पार कर लेने के बाद फडकर की बाउंसर पर दाँत टूट जाने के बाद भी बिना किसी डॉक्टरी मदद के 66 रन, 1944-45 में 50 के हो जाने के बाद भी रणजी फाइनल में बड़ौदा के विरुद्ध 200 रन और 68 की उम्र तक प्रथम श्रेणी क्रिकेट खेलते रहने का जीवट भला दुनिया के कितने खिलाड़ी दिखा पाए हैं? तभी तो कहते हैं कि नायडू अपने सभी खिलाड़ियों को अपने जैसा खेलते हुए देखना चाहते थे और यह न तो व्यावहारिक था और न ही सम्भव। अतः यहाँ उनका मूल्यांकन गलत सिद्ध हुआ। इसके बाद भी सी.के. को भारतीय क्रिकेट का प्रथम पुरुष माना जाता है क्योंकि उनके व्यक्तित्व एवं खेल में भारतीय ठाठ का श्रेष्ठ स्वरूप प्रतिबिंबित होता है।

सी.के. कुल 7 अधिकृत टेस्ट खेले और ये सातों टेस्ट इंग्लैण्ड के ही विरुद्ध खेले गए। इनमें से चार में तो उन्होंने कप्तानी की और ये चारों ही भारत हारा। अर्थात् वे न अपनी कप्तानी में कभी भारत को जिता सके और न ही तब जब वे भारत के लिए टेस्ट खेले भारत कभी कोई टेस्ट जीत सका। कारण यही था कि उस प्रारंभिक दौर में टीम के चयन के विषय में राजाओं व नवाबों का बड़ा दबदबा था। उनकी राय को बहुत महत्त्व दिया जाता था। इसके फलस्वरूप कई अच्छे खिलाड़ी टीम के बाहर रह जाते थे और राजाओं व राजघरानों की सिफारिश से आए खिलाड़ी चुन लिये जाते थे। अतः सही अर्थों में तब भारत की टीम देश की अधिकृत व श्रेष्ठ टीम ही नहीं होती थी। इसके अतिरिक्त क्षेत्ररक्षण का स्तर भी बेहद घटिया था। इस कारण विरोधी टीमों के

कई कैच, 'रन आउट' के अवसर व मैदानी 'शॉट्स' क्षेत्ररक्षकों द्वारा छोड़ दिए जाते थे। सी.के. को इन्हीं परिस्थितियों का सामना करना पड़ा। 1936 का लॉर्ड्स टेस्ट उनका अन्तिम टेस्ट व दूसरी पारी में घायल होने के बाद भी बनाए गए 81 रन उनकी अन्तिम टेस्ट पारी रही। अपेक्षित स्तर के खिलाड़ी अपनी टीम में न पाने से वे उनसे जैसा चाहते थे वैसा प्रदर्शन नहीं करवा पाए।

1926 में जब गिलिगन की टीम भारत आई और सी.के. ने उस एम.सी.सी. टीम के विरुद्ध हिन्दुओं की टीम के लिए 153 रन बनाकर सभी का ध्यान आकर्षित किया तब वे 31 वर्ष के थे। 1932 में जब वे भारतीय टीम के साथ इंग्लैण्ड गए व अपना पहला टेस्ट खेले तब वे 37 के थे और 1936 में जब वे इंग्लैण्ड के विरुद्ध अपना अन्तिम टेस्ट व अन्तिम पारी खेले तब वे 41 वर्ष के थे। स्पष्ट है कि 37 व 41 वर्ष की उम्र अंतर्राष्ट्रीय क्रिकेट आरम्भ करने की नहीं, छोड़ने की उम्र है। अत: जो लोग उस समय की परिस्थिति को जाने बिना केवल आंकड़ों पर जोर देते हैं उन्हें सी.के. नायडू में कोई विशेषता दिखाई नहीं पड़ती। वे यह भूल जाते हैं कि तब सी.के. की उम्र क्या थी। उन्हें इस बात का भी अहसास नहीं है कि सी.के. का खेल व उनकी कप्तानी मैदान पर देखने योग्य थी और यह सब स्कोर कार्ड व उपलब्धियों से परे था। 1925 से 1930 तक का समय सी.के के खेल जीवन का श्रेष्ठ समय था। तब उनका खेल अपनी आकाशीय ऊँचाइयों पर था परन्तु दुर्भाग्यवश तब भारत को टेस्ट दर्जा ही प्राप्त नहीं था। अर्थात् जब वे अपने श्रेष्ठ 'फ़ॉर्म' में थे तब उन्हें टेस्ट खेलने का अवसर ही नहीं मिला। जब अवसर मिला तब वे 37 के हो चुके थे, अर्थात् अपना श्रेष्ठ खेल खेलने के छह वर्ष बाद उन्हें टेस्ट खेलने का अवसर मिला। यह उनके खेल जीवन के उतार का समय था पर फिर भी वे जिस उत्साह, जोश व दबंग अंदाज़ में खेले उसे देखकर उनसे आधी उम्र के लड़के भी शर्मसार हो जाते थे।

होल्कर टीम के वे संस्थापक कप्तान थे। 1944-45 से लेकर 1954 तक के 10 वर्षों में होल्कर टीम चार बार रणजी ट्रॉफ़ी विजेता व चार ही बार उपविजेता रही। होल्कर टीम मात्र 16 वर्ष रणजी खेली और सी.के. की कप्तानी में उसके ये 10 वर्ष न सिर्फ होल्कर टीम के बल्कि भारतीय क्रिकेट के भी स्वर्णयुग माने जाते हैं। तीन फाइनल तो वह अपने घरेलू मैदान इंदौर के यशवंत क्लब पर ही जीती जो कि उसकी कर्मभूमि थी। सी.के. को रणजी ट्रॉफ़ी में यह सफलता इसी कारण मिली क्योंकि उन्हें अपनी टीम चुनने की पूरी स्वतंत्रता थी। उन्होंने उन खिलाड़ियों को ही खिलाया जो उनकी योजना व नीति के

अनुसार खेल सकते थे और एक कप्तान के रूप में स्वयं उन्होंने उनका समुचित उपयोग किया। यदि वे अपने 10वें क्रम के बल्लेबाज हीरालाल गायकवाड से आदेश के स्वर में कहते थे कि उन्हें जाकर हर गेंद पर प्रहार करना है तो गायकवाड को वही करना होता था, फिर चाहे कुछ भी हो। उनके नेतृत्व का मूल्यांकन करते समय हमें उनकी इन विशेषताओं पर भी ध्यान देना चाहिए कि वे अपनी टीम के हर खिलाड़ी से उसका श्रेष्ठ प्रदर्शन करवाने में सक्षम थे। वे ऐसे कप्तान थे जो चाहते थे कि उसका प्रत्येक खिलाड़ी अपना श्रेष्ठ खेल खेले और वे उसे ऐसा करने की पूरी स्वतंत्रता भी देते थे। उन्होंने कभी किताबी बातों पर भरोसा नहीं किया। वे मानते थे कि हर खिलाड़ी की अपनी शैली व विशेषता होती है। यही विशेषता उसे दूसरे खिलाड़ियों से बिल्कुल अलग पहचान देती है। कभी भी किसी से भी पारी का आरम्भ करवाना व किसी से भी गेंदबाज़ी आरम्भ करवा लेना उन्हीं की फ़ितरत थी। मुश्ताक साहब से उन्होंने कभी होल्कर टीम की पारी का आरम्भ नहीं करवाया क्योंकि वे मानते थे कि चूँकि भारतीय टीम में अन्य अच्छे बल्लेबाज भी हैं, अतः मुश्ताक साहब का भारतीय टीम की पारी का आरम्भ करना तो उपयुक्त है किन्तु होल्कर टीम में तो वे प्रमुख बल्लेबाज हैं, अतः उन्हें शुरू में ही भेजने का खतरा वे मोल नहीं ले सकते।

चूँकि सी.के. नायडू का अपना आभामंडल था; लंबा, छरहरा किन्तु बलिष्ठ शरीर, साफ-सुथरे कपड़े, पॉलिश किये हुए जूते, गले में रेशमी 'स्कॉर्फ', आकर्षक चाल, स्वाभिमान एवं स्वावलंबन से पूर्ण दृष्टि, चलने का अंदाज़ ऐसा प्रभावशाली मानो कोई योद्धा विजय के लक्ष्य की ओर आश्वस्त भाव से धीरे-धीरे बढ़ रहा हो। निजी गौरव का अभिमान और प्रतिद्वंद्वी के प्रति हिकारत का अहसास उन्हें देखते ही स्पष्ट हो जाता था। वे कहते भी थे कि यदि आप क्रिकेट खिलाड़ी न हों तो भी क्रिकेट खिलाड़ी जैसे लगने का अहसास तो दिला ही सकते हैं। उनके व्यक्तित्व में ऐसा कुछ था कि उनकी टीम के ही नहीं, प्रतिद्वंद्वी टीम के खिलाड़ी भी उनका सम्मान करते थे। उनके समक्ष मुँह खोलने का साहस किसी में नहीं होता था। उनकी इच्छा के विरुद्ध कुछ भी करने का साहस उनकी टीम के किसी भी खिलाड़ी में नहीं था। उन्हें सामने देखते ही अच्छे-अच्छों का पसीना छूट जाता था। यह उनके प्रति सम्मान व उनके साथ जुड़े हुए डर का ही परिणाम था।

सी.के. नायडू की विशेषता थी कि वे खुद जोखिम उठाने के लिए सदैव तैयार रहते थे। खतरा देखकर उन्होंने कभी अपनी टीम के किसी अन्य ख़िलाड़ी

को आगे नहीं किया। किसी अन्य को शहीद नहीं किया। किसी अन्य को शहीद होने के लिए आगे करने की बजाय वे स्वयं अपना सिर आगे करने को तत्पर रहते थे। एक मैच में वॉरेल के लिए हीरालाल गायकवाड की गेंद पर वे 'शार्ट कवर' पर खड़े हो गए तथा गायकवाड से 'ऑफ़ स्टम्प' के बाहर गेंद करने के लिए कहा। वॉरेल ने 'ड्राइव' किया और गेंद कर्नल नायडू के कान के पास से बंदूक की गोली की तरह निकल गई। पर सी.के. को ज्ञात था कि खुद्दार वॉरेल फिर 'ड्राइव' करेंगे और जब उन्होंने पुनः 'ड्राइव' किया व कैच उछला तो सी.के. ने उसे सीने में दबोच लिया। खतरे के स्थान पर किसी अन्य क्षेत्ररक्षक को खड़ा करने की जगह वे स्वयं खड़े हुए। उनकी इसी खूबी के कारण उनकी टीम के खिलाड़ी उनकी इज्ज़त करते थे। उनका यह साहस कभी-कभी तो अति उत्साह की सीमा छूता प्रतीत होता था किन्तु यह भी सच है कि आंकड़े चाहे उनके पक्ष में न हों, वे ऐसे जन्मजात कप्तान थे कि कप्तानी उनके व्यक्तित्व से झलकती थी।

कर्नल सी.के. नायडू का मूल्यांकन करते समय सिर्फ यह मत देखिए कि उन्होंने केवल चार टेस्ट मैचों में कप्तानी की और वह भी इंग्लैण्ड के विरुद्ध व सभी में भारतीय टीम पराजित हुई। सिर्फ यह मत देखिए कि वे अधिकृत व अनाधिकृत टेस्ट मैचों को मिलाकर 14 मैच खेले व उन्होंने 25 की औसत से 350 रन बनाए। यह भी ध्यान में रखिए कि वे 68 की उम्र तक प्रथम श्रेणी क्रिकेट खेले व उन्होंने 10 वर्षों तक होल्कर टीम की कप्तानी की और उसे 8 बार फाइनल खिलवाया तथा 4 बार विजेता बनवाया। यह भी याद रखिए कि उन्होंने 344 प्रथम श्रेणी मैचों में 11825 रन बनाए जिनमें 26 शतक थे। यह मत भूलिए कि 1926 में जब वे 26 वर्ष के थे तब ही वे किसी विदेशी टीम के विरुद्ध खेल पाए थे और गिलिगन की उस टीम के विरुद्ध उन्होंने अविस्मरणीय 155 रन बनाए थे। यह भी याद रखिए कि इसके बाद 8 वर्षों तक उन्हें अपना पहला टेस्ट खेलने की प्रतीक्षा करनी पड़ी और 1932 में जब वे 37 वर्ष के हो चुके थे तभी वे अपने टेस्ट जीवन का आगाज़ कर पाए। स्पष्ट है कि जब वे अपने खेल जीवन के शिखर पर थे तब 7-8 वर्षों तक उन्हें श्रेष्ठ क्रिकेट से वंचित रहना पड़ा क्योंकि भारत को टेस्ट दर्जा ही प्राप्त नहीं था। इस तरह उनका श्रेष्ठ खेल समय टेस्ट क्रिकेट की प्रतीक्षा में व्यतीत हुआ। यह भी याद रखिए कि सी.के. का खेल देखने योग्य था। वे मैदान पर जो भी कुछ करते थे वह दूसरों से बिल्कुल भिन्न होता था, फिर चाहे वह बल्लेबाजी हो या गेंदबाजी अथवा कैच करने का तरीका अथवा मैदानी

क्षेत्ररक्षण करते हुए गेंद रोकना। यही नहीं उनका चलना-फिरना भी राजसी ठाठ का होता था व उसमें रौब, गौरव व ठसक की अनुभूति होती थी।

वे ऐसे पहले खिलाड़ी थे जिन्हें न सिर्फ स्वयं राष्ट्रीय गौरव का अहसास था बल्कि जिन्होंने अपने साथियों को भी अपनी क्षमताओं व राष्ट्रीय गौरव पर विश्वास करना सिखाया। ए.एफ.एस. तल्यार खान ने ठीक ही कहा है-"सी.के. के अतिरिक्त ऐसा कोई भारतीय क्रिकेट खिलाड़ी नहीं हुआ जिसने खेल के सभी त्रिभागों में अपनी श्रेष्ठता कायम रखी हो तथा जो सभी कसौटियों पर खरा उतरता हो।" डिकी रत्नाकर कहते थे-"सी.के. कम उम्र में ही भारत में क्रिकेट की किंवदंती बन गए थे। जिस तरह इंग्लैण्ड के लोग डब्ल्यू.जी. ग्रेस को डब्ल्यू. जी. कहते थे व इसी नाम से पहचानते थे, सी.के नायडू भी सिर्फ सी.के. कह देने से पहचाने जाते थे।" वॉली हेमंड कहते थे- "सी.के. के खेल में अश्वेत ब्रैडमैन के नाम से विख्यात वेस्टइंडीज़ के जॉर्ज हेडली का सा आकर्षण था।" नेविल कार्ड्स के शब्दों में-"मेरे ज़ेहन में जो एक आकर्षक बल्लेबाज की छवि है, सी.के. उसका सही प्रतिनिधित्व करते हैं। मेरा आदर्श बल्लेबाज वही है जो स्वयं खेलकर अपने खेल का आनन्द ले, जो साहसी हो व चुनौतीपूर्ण परिस्थिति में भी अपनी टीम को उबारने की क्षमता रखता हो तथा उसका खेल ऐसा हो कि दर्शक भी उसका खेल देखकर पूरा मज़ा लें। जब एक महान बल्लेबाज खेल रहा होता है तो दर्शकों को स्कोरबोर्ड का अहसास ही नहीं रहता। सी.के. ऐसे ही थे। उन्हें लोग उनके खेल-कौशल के सौंदर्य के लिए पसंद करते थे, रन बनाने की योग्यता के लिए नहीं।"

इस आधार पर सी.के. नायडू भारतीय कप्तानों की सूची में पहले स्थान के सही अधिकारी हैं। विलक्षण सूझबूझ व खेल की बारीकियों को अच्छी तरह से परखने का साहस रखने वाले सी.के. एक अच्छे कप्तान थे। जिन परिस्थितियों में व जिस ठाठ से वे खेले वह उन्हें जीते जी किंवदंती बना देने के लिए पर्याप्त था। उन्हें कभी आदर्श भारतीय टीम ही नहीं मिली। जो लोग सात टेस्ट मैचों में उनके 350 रनों की बात करते हैं उन्हें याद रखना चाहिए कि सी.के. नायडू अपना श्रेष्ठ क्रिकेट चतुष्कोणी स्पर्धा में खेले और वह समय था 1912-13 से लेकर 1936-37 तक का। चतुष्कोणी स्पर्धा में उन्होंने अपने पहले ही मैच में अपना खाता छक्का मारकर खोला था। चतुष्कोणी स्पर्धा के 25 मैचों की 44 पारियों में उन्होंने पाँच शतकों और बारह अर्धशतकों के साथ 48.35 की औसत से 1934 रन बनाए थे। वे सच्चे अर्थों में हिन्दुओं की टीम के हीरो थे।

उनकी प्रतिभा के सभी कायल थे तभी तो नेविल कार्ड्स उन्हें 'बेहद संवेदनशील बल्लेबाज', डगलस जार्डिन 'सीधे हाथ के फ्रेंक वुली' कहते थे, व वॉल्टर हेमंड उनके खेल में वेस्टइंडीज़ के जॉर्ज हेडली के खेल जैसा आकर्षण व नशे का अनुभव करते थे। यह दुर्भाग्य ही है कि जब वे अपने पूरे शबाब पर थे तब भारत को टेस्ट का दर्जा ही प्राप्त नहीं था अतः वे अंतर्राष्ट्रीय क्रिकेट 37 की आयु में ही खेल पाए। पर वे हर मायने में कप्तान थे-फिर खेल हो, चाल-ढाल, जीवन-शैली या व्यवहार। वे सिर्फ चार टेस्ट में भारत के कप्तान रहे जिनमें से भारत तीन में हारा व एक 'ड्रॉ' रहा तथा उसे एक में भी विजय प्राप्त नहीं हुई। पर यह भी याद रखिए कि उन्हें कैसी टीम मिली।

लाला अमरनाथ

लाला अमरनाथ

नानक अमरनाथ भारद्वाज को क्रिकेट जगत् में लाला अमरनाथ के नाम से जाना जाता है। दिल्ली के उत्तर में करीब 240 मील दूर पंजाब के कपूरथला में 11 सितंबर, 1911 को पंजाबी परिवार में पैदा हुए लाला अमरनाथ को आरम्भ से ही समाचारों में बने रहने की रुचि रही। सिर्फ़ अपनी मैदानी गतिविधियों के लिए ही नहीं, बल्कि मैदान के बाहर की गतिविधियों के लिए भी वे चर्चा में बने रहे।

जहाँ तक मैदानी करिश्मों की बात है, वे अपने शतकों, नायाब गेंदबाजी और अपनी कद काठी के विपरीत अद्वितीय क्षेत्ररक्षण तथा चतुर चालाक कप्तानी के कारण सुर्खियों में रहे और मैदान के बाहर अपने स्वाभिमान, अक्खड़ स्वभाव, अधिक स्वाधीनता व सुविधाओं के लिए अधिकारियों से तकरार तथा विद्रोही तेवर के लिए चर्चित रहे। वे अपने समय के सर्वाधिक मुँहफट व दो टूक बात करने वाले तथा संगठन व अधिकारी-वर्ग की कोई चिन्ता न करने वाले खिलाड़ी थे। उनके अक्सर झगड़ते

रहने के कारण यही माना जा सकता है कि वे सम्भवत: अपने समय से पहले पैदा हुए थे। उनकी साफगोई के कारण कुछ लोग उन्हें पसंद करते थे तो उनके मुँहफट होने के कारण कुछ उन्हें नापसंद भी करते थे। जो भी हो, उनकी छवि एक विद्रोही कप्तान की बनी। कप्तान न होते हुए तो उन्होंने अधिक धन, स्वाभिमान व खुद्दारी जैसे विषयों में अपने साथियों की अगुवाई की ही, कप्तान होने पर भी वे सदैव आक्रामक प्रवृत्ति रखकर ही खेले। 1936 में जब उन्हें उनकी तथाकथित अनुशासनहीनता व अभद्रता के कारण इंग्लैण्ड से बीच दौरे में ही बड़े ही भद्दे तरीके से वापस स्वदेश रवाना किया गया था तो ऐसा लग रहा था जैसे वे अपना अन्तिम टेस्ट खेल चुके हैं व उनका टेस्ट जीवन समाप्त हो चुका है। पर वे न सिर्फ़ भारतीय टीम में वापस लौटे, बल्कि उन्होंने ऑस्ट्रेलिया, वेस्टइंडीज़ व पाकिस्तान के विरुद्ध 15 टेस्ट मैचों में भारतीय टीम की कप्तानी भी की। यही नहीं, उन्होंने अपनी रणनीतियों व क्रिकेट ज्ञान से प्रभावित भी किया। इतना अवश्य था कि उनके वापस भेज दिए जाने के कारण उनके तीसरे व चौथे टेस्ट के बीच 12 वर्षों का अन्तराल रहा। 1936 के दौरे में कप्तान थे महाराजकुमार विजयनगरम्। वे स्वयं तो सामान्य क्लब स्तर के खिलाड़ी थे किन्तु उनकी उस टीम में सी.के. नायडू, विजय मर्चेंट, लाला अमरनाथ व मुश्ताक अली जैसे कुछ बड़े खिलाड़ी थे। माइनर काउंटीज़ के विरुद्ध विजी ने अमरनाथ को पैड पहनवाकर लंबी प्रतीक्षा करवायी तथा वे अन्य बल्लेबाजों को अमरनाथ के क्रम के ऊपर भेजते गए। 8वें क्रम पर अमरनाथ को भेजा गया और वे शीघ्र ही आउट होकर आ गए तथा उन्होंने कहा कि निचले क्रम पर तो इसी तरह खेला जाता है। नाराज़ विजी ने मैनेजर से कहकर अमरनाथ को तत्काल भारत भिजवा दिया। विजी के इस अन्यायपूर्ण फैसले के कारण भारतीय क्रिकेट की अतुलनीय क्षति हुई। 1939 से लेकर 1945 तक तो दूसरे महायुद्ध के कारण क्रिकेट स्थगित रहा, अत: अमरनाथ को 1946 तक प्रतीक्षा करनी पड़ी।

कपूरथला के रणधीर हाईस्कूल में प्रारंभिक शिक्षा के साथ-साथ वे हॉकी व दौड़भाग में भाग लेते रहे। वे अपना प्रारंभिक क्रिकेट एस.एस.एस. क्लब पटियाला के लिए खेले किन्तु माँ की मृत्यु के पश्चात अपने दादाजी के पास लाहौर आ गए। उन्होंने उन्हें अलीगढ़ भेज दिया जहाँ वे विश्वविद्यालय की टीम के लिए खेले। प्रारंभिक दिनों में वे एक विकेटकीपर बल्लेबाज के रूप में खेलते थे। 1930 में हिन्दुओं की टीम के लिए लाहौर स्पर्धा में खेले जो कि उनके जीवन की पहली बड़ी स्पर्धा व पहला बड़ा मैच था। उन्हें अपना

पहला टेस्ट खेलने के लिए अधिक प्रतीक्षा नहीं करनी पड़ी। डगलस जार्डिन की टीम 1933–34 में भारत आई और मुंबई टेस्ट की पहली पारी में 38 रन बनाकर अमरनाथ ने टेस्ट यात्रा आरम्भ की और दूसरी पारी में 118 रन बनाकर नया इतिहास रचा। अपने पहले ही टेस्ट में शतक बनाने वाले वे पहले भारतीय बल्लेबाज बने। किसी भी विदेशी टीम के विरुद्ध भारत में शतक बनाने वाले वे पहले भारतीय वह एशियाई खिलाड़ी थे। ठीक उसी तरह जिस तरह मुश्ताक अली विदेशी भूमि पर पहला शतक बनाने वाले पहले भारतीय व एशियाई खिलाड़ी थे। अमरनाथ ने यह करिश्मा 22 की उम्र में किया। इसके पहले दक्षिण पंजाब के लिए वे एम.सी.सी. के विरुद्ध 109 रन बनाकर प्रसिद्ध हो चुके थे। तीसरे क्रम पर जाकर खेलने वाले धाकड़ बल्लेबाज के रूप में उनकी प्रशंसा पूरे क्रिकेट जगत् में फैल गई। वे पदार्पण टेस्ट में शतक बनाने वाले पहले बल्लेबाज तो बने ही किन्तु जाने अनजाने ही उनका नाम उन अभागे भारतीय बल्लेबाजों में भी जुड़ गया तो अपने पहले टेस्ट में शतक लगाने के बाद जीवन में दूसरा टेस्ट शतक नहीं लगा पाए। पहले टेस्ट में शतक बनाने वाले को अपशगुनी माना जाने लगा। उनके पुत्र सुरिन्दर अमरनाथ भी उन्हीं बल्लेबाजों में हैं जो पहले टेस्ट शतक के बाद दूसरा टेस्ट शतक नहीं लगा पाए। ऐसे अभागे बल्लेबाजों का खेल समय भी अपेक्षाकृत छोटा रहा परन्तु लालाजी की निवृत्ति के लगभग 15 वर्षों बाद गुंडप्पा विश्वनाथ ने व उनके लगभग 15 वर्षों के बाद अज़हरुद्दीन ने इस 'मिथ' को तोड़ा कि पहले टेस्ट में शतक लगाना अपशगुनी होता है। अमरनाथ की 118 रनों की उस यादगार पारी में लगाए गए 21 चौके इस बात का प्रमाण हैं कि वे कितने आक्रामक खिलाड़ी थे।

1946 के इंग्लैण्ड दौरे में उन्होंने अपनी अचूक गेंदबाजी से प्रभावित किया। वे 'रांग फुट' से गेंदबाजी करते थे। चार-पाँच गज़ के छोटे से रनअप के बाद वे अपना उल्टा पैर आगे करने के विपरीत अपना सीधा पैर आगे रखकर गेंद फेंकते थे जबकि आमतौर पर सीधे हाथ के गेंदबाज अपना उल्टा पैर ही आगे डालते हैं। फिर भी वे बहुत अच्छी 'स्विंग' करा लेते थे। विशेषकर उनकी 'लेट स्विंग', अर्थात् वह गेंद जो बहुत देर बाद स्विंग होती है, बहुत खतरनाक होती थी। एक विकेटकीपर बल्लेबाज के रूप में प्रथम श्रेणी क्रिकेट प्रारम्भ करने वाले खिलाड़ी का अंतरराष्ट्रीय क्रिकेट में गेंदबाज के रूप में स्थापित हो जाना वास्तव में प्रशंसा योग्य था। उनके बाद भारत में सलीम दुर्रानी ने भी यही करिश्मा दिखाया। 1947–48 में जब भारतीय टीम अपने पहले ऑस्ट्रेलिया दौरे

पर गई और सीनियर पटौदी व विजय मर्चेंट दोनों ही नहीं गए तो अमरनाथ को टीम का कप्तान बनाया गया और उन्होंने एक चतुर, चालाक व अच्छे कप्तान के रूप में ख्याति प्राप्त की। मुश्ताक, मर्चेंट, मोदी व फज़ल महमूद के बिना गई भारतीय टीम यह श्रृंखला यदि 4-0 से हारी तो किसी को आश्चर्य नहीं हुआ। फिर भी तीसरे टेस्ट में खराब विकेट पर अमरनाथ ने जिस साहस के साथ 103 रन कम होते हुए भी पहली पारी घोषित की वह उनके क्रिकेट ज्ञान का ही परिचायक था। उस दौरे में सिर्फ कप्तान के रूप में ही नहीं बल्कि बल्लेबाज व गेंदबाज के रूप में भी अमरनाथ ने अच्छी प्रसिद्धि प्राप्त की। विशेषकर कुछ प्रथम श्रेणी मैचों में उनकी बल्लेबाजी विशेष रूप से उल्लेखनीय रही है। दक्षिण ऑस्ट्रेलिया के विरुद्ध उन्होंने दोनों ही पारियों में शानदार बल्लेबाजी की। विक्टोरिया के विरुद्ध जब भारत के बिना किसी स्कोर के 3 विकेट गिर चुके थे, अमरनाथ ने 228 नाबाद रनों की पारी खेली। फिर क्वींसलैण्ड के विरुद्ध उन्होंने नाबाद 172 रन बनाए। लेकिन उनका यह 'फ़ॉर्म' टेस्ट मैचों में गायब रहा। हाँ, गेंदबाजी में अवश्य उन्होंने टेस्ट श्रृंखला में 28.15 की औसत से 13 विकेट लिए।

मर्चेंट के अभी भी 'अनफिट' रहने के कारण अमरनाथ को ही 1948-49 में भारत आई वेस्टइंडीज़ के विरुद्ध कप्तान बनाया गया। इस श्रृंखला के चार टेस्ट 'ड्रॉ' रहे और एक वेस्टइंडीज़ ने जीता। मुंबई टेस्ट में जब भारतीय विकेटकीपर पी. सेन घायल हो गए तो अमरनाथ ने विकेटकीपिंग तो की ही, 5 कैच भी लिए। एक कप्तान के रूप में वे वेस्टइंडीज़ के कप्तान जॉन गोडार्ड से इक्कीस ही साबित हुए।

द्वितीय विश्वयुद्ध के कारण जब टेस्ट गतिविधियाँ स्थगित थीं तो दो राष्ट्रमंडलीय टीमें भारत के दौरे पर आईं और इन दोनों ही श्रृंखलाओं में अमरनाथ नहीं खेले। 1951-52 में इंग्लैण्ड के विरुद्ध भारतीय टीम में वे फिर

वापस आए लेकिन तब तक उनकी जगह विजय हजारे टीम के कप्तान बन चुके थे। उन्हें 1952 में इंग्लैण्ड गई भारतीय टीम में नहीं लिया गया। लोगों को लगा कि चूँकि वे अब 40 के हो चुके हैं अतः उनके भारतीय टीम में फिर लिए जाने की कोई संभावना नहीं है। लेकिन तब के क्रिकेट अधिकारी अजीबोगरीब फैसलों के लिए विख्यात थे और जब 1952 में पाकिस्तान की टीम भारत के अपने पहले दौरे पर आई तो अमरनाथ को फिर से भारतीय टीम की कप्तानी की बागडोर सौंपी गई और अब्दुल हफीज़ कारदार की पाकिस्तानी टीम के विरुद्ध अमरनाथ के नेतृत्व में भारत ने यह शृंखला 2-1 से जीत ली। मुंबई में खेले गए तीसरे टेस्ट में अमरनाथ की कप्तानी व गेंदबाजी अपने चरम पर थी। 41 की आयु में भी उन्होंने न सिर्फ गेंदबाजी, बल्कि बल्लेबाजी में भी शानदार प्रदर्शन किया। इसके बाद भी जब वेस्टइंडीज़ दौरे के लिए भारतीय टीम का चयन हुआ तो अमरनाथ के स्थान पर विजय हजारे को फिर कप्तान बना दिया गया और इस तरह उनके क्रिकेट जीवन का समापन हो गया।

जिन लोगों ने 1933-34 में इंग्लैण्ड के विरुद्ध मुंबई टेस्ट में अमरनाथ की चमत्कारिक शतकीय पारी देखी है वे आज तक अभिभूत हैं। उन्होंने 83 रन तो सिर्फ 78 मिनट में बना लिये थे और जिस ढंग से उन्होंने निकल्स व क्लार्क को 'हुक' किया तथा फिर वेरिटी को आगे बढ़कर 'ड्राइव' किया वह उनके आत्मविश्वास व साहस का परिचायक था। सिर्फ 117 मिनट में उन्होंने अपना ऐतिहासिक पहला टेस्ट शतक पूरा कर लिया था और वह भी अपने जीवन के पहले ही टेस्ट में। उनका 'रांग फुट' से गेंद फेंकना आश्चर्यजनक तो था ही, अभूतपूर्व भी था। उनके बाद दक्षिण अफ्रीका के माइक प्रॉक्टर का एक्शन भी ऐसा ही था। क्रिकेट में पाकिस्तान के उल्टे हाथ के मध्यम तेज़ गेंदबाज

सोहेल तनवीर भी 'रांग फुट' से गेंदबाजी करते हैं। जिन्होंने उन्हें खेलते हुए देखा है वे जानते हैं कि किस तरह गेंदबाजी करते समय तनवीर का उल्टा पैर आगे आता है। यह ठीक वैसा ही है जैसा अमरनाथ के गेंदबाजी करते समय उनका सीधा पैर आगे आता था। अन्तर यही है कि तनवीर उल्टे हाथ के गेंदबाज हैं तो अमरनाथ सीधे हाथ के गेंदबाज थे, पर दोनों में समानता 'रांग फुट' से गेंदबाजी करने की रही है। ऐसा अंतर्राष्ट्रीय क्रिकेट में और कहीं दिखाई नहीं देता।

कप्तान बनना व फिर हटना और फिर बनना तथा टीम में आना व बाहर होना व फिर आना अमरनाथ के खेल जीवन में आम बात रही और उनके अच्छे व सफल प्रदर्शन के बाद भी यही सब होता रहा। शायद उनके मुँहफट व स्पष्टवादी होने के कारण ही ऐसा होता रहा। पर स्वभाव से थोड़े अक्खड़ व वाचाल होने के कारण वे सभी से हिसाब चुकता करते रहे। न तो कभी झुके और न ही टूटे। अपने साथी खिलाड़ियों के साथ असम्मानजनक व्यवहार किए जाने से वे आहत हुए और 1948-49 में ही उन्होंने बोर्ड अधिकारियों को आड़े हाथों लिया। मेहमान टीम को सिर आँखों पर बैठाना व घरेलू टीम को दोयम दर्जे का मानना उन्हें कभी गवारा नहीं हुआ। यही कारण है कि वे बोर्ड अधिकारियों को आड़े हाथों लेते रहे व उनकी मठाधीशों से कभी नहीं बनी।

पर वे क्रिकेट से सदा जुड़े रहे। यही नहीं, उन्होंने शीर्ष पद भी प्राप्त किए। वे चयन समिति के प्रमुख बने और 1959-60 में उन्होंने कानपुर टेस्ट में ऑफ़ स्पिनर जसू पटेल की घातक गेंदबाजी के द्वारा भारत को टेस्ट में विजय दिलवाई। उन्हीं के कारण जसू पटेल को खिलाया गया और उन्हीं के मार्गदर्शन में सीताराम ने विकेट बनाया। 1954-55 में वे मैनेजर के रूप में टीम के साथ पाकिस्तान यात्रा पर गए। पाकिस्तान के संवेदनशील दौरे में वे सफल भी रहे व सहायक भी। उनके व्यक्तिगत अनुभव व उनके तथा पाकिस्तानी खिलाड़ियों और लोगों के बीच अच्छे व दोस्ताना संबन्धों का भारत को लाभ मिला। वे अच्छे उद्घोषक भी रहे व रेडियो तथा दूरदर्शन पर विशेषज्ञ की भूमिका निभाते हुए अपनी स्पष्ट राय व टिप्पणियों से श्रोताओं को प्रभावित करते रहे। वे इतना स्पष्ट बोलते थे कि कई कमेंटेटर्स की तो उनके सामने बोलती बंद हो जाती थी। उन्होंने सुरिन्दर व मोहिन्दर अमरनाथ को अपनी निगरानी में क्रिकेट खेलना सिखाया तथा उन्हें टेस्ट क्रिकेटर बनाने में महत्त्वपूर्ण भूमिका निभाई। यही नहीं, अपने गहरे क्रिकेट ज्ञान व क्रिकेट के मनोरंजक संस्मरणों के कारण वे पूरे देश के क्रिकेट प्रेमियों में लोकप्रिय रहे। 1961 में जब मुंबई में लाला अमरनाथ

के सम्मान में मैच आयोजित हुआ तब उसमें औसतन 25 हजार दर्शक प्रतिदिन के हिसाब से उपस्थित हुए और उन्हें लगभग एक लाख रुपयों की थैली भेंट की गई। वे अपने मन की बात कहने से कभी नहीं चूके और सदैव अपनी हाज़िरजवाबी व विनोदप्रियता से लोगों को आकर्षित करते रहे। वे भारत में तो लोकप्रिय व प्रतिष्ठित रहे ही, पाकिस्तान में भी उतने ही लोकप्रिय थे और लोग उनका बहुत सम्मान करते थे। कहते हैं कि जब भी वे पाकिस्तान गए, लाहौर के कई दुकानदार तो उनसे पैसे लेने से भी मना कर देते थे। वे कहते भी थे कि यदि वे वहाँ चुनाव लड़ते तो जीत जाते।

मुझे भी एक बार दिल्ली में मुश्ताक साहब के साथ लाला जी से मिलने का अवसर मिला। स्थान था कनॉट प्लेस में देवीचंद की वह दुकान जो कभी सभी क्रिकेट खिलाड़ियों को 'किट' व पोशाक उपलब्ध करवाने का केन्द्र हुआ करती थी। जब मैं मुश्ताक साहब के साथ वहाँ पहुँचा तो देवीचंद उन्हें देखकर इतने खुश हुए जैसे उन्हें मनमाँगी मुराद मिल गई हो। उन्होंने बताया कि लालाजी भी आने वाले हैं। जैसे ही लालाजी आए, वे तथा मुश्ताक साहब गले मिले व दोनों की आँखें नम हो गईं। देवीचंद ने तुरन्त 'दुकान बंद' का नोटिस लगा दिया व हमारी आवभगत में लग गए। मैंने लालाजी से तब व अब के क्रिकेट पर बात की व पूछा कि यदि उनके समय में एकदिवसीय क्रिकेट होता तो क्या होता? लालाजी ने कहा कि उनके समय के सभी खिलाड़ी अपना क्रिकेट एकदिवसीय शैली में ही खेलते थे। तब सी.के. नायडू व मुश्ताक अली तो पारी का आरम्भ करने के लिए जाते व वे स्वयं तीसरे क्रम पर जाने के लिए तैयार बैठे होते। जहाँ तक अन्य खिलाड़ियों का प्रश्न है, वे सब बड़े मज़े से बाजार में तफरीह व खरीद फरोख्त कर रहे होते क्योंकि बल्लेबाजी में उनकी आवश्यकता ही नहीं पड़ती। शाम को जब उनके घर गए और आसपास वालों से पता पूछा तो मालूम हुआ कि वे लोग उन्हें एक झक्की, सनकी व बेबाक व्यक्ति के रूप में ही जानते थे।

सी.के. नायडू की ही तरह लाला अमरनाथ का खेल भी आंकड़ों व सांख्यिकी के दायरे तक सीमित नहीं था। उनकी प्रतिभा औसत के सींखचे में कैद नहीं की जा सकती। व्यक्तित्व व खेल-शैली के साथ-साथ उस समय की परिस्थिति के अनुरूप ही उनका मूल्यांकन किया जाना चाहिए। 11 वर्ष की समय सीमा में अनेक बार टीम के अंदर बाहर रहते हुए लालाजी 24 टेस्ट खेले और उन्होंने एक शतक व चार अर्धशतक लगाए तथा 4241 गेंदों में 45 विकेट लिए। उनका प्रथम श्रेणी क्रिकेट जीवन 33 साल का रहा। प्रथम श्रेणी

क्रिकेट में उन्होंने 186 मैचों की 286 पारियों में 31 शतक व 39 अर्धशतकों के साथ 10426 रन बनाए और 463 विकेट लिए। खास बात यह है कि उन्होंने जो कुछ भी किया उसमें वे सदैव समाचारों के केन्द्र में बने रहे। 1946 के लॉर्ड्स टेस्ट में जिस तरह उन्होंने अपनी घातक गेंदबाजी द्वारा हटन, वॉशब्रुक, कंप्टन और हेमंड के विकेट लेकर सनसनी फैलायी थी उसे भला कौन भूल सकता है और वह भी सिर्फ तीन कदमों के छोटे से 'रन अप' से अपने 'रांग फुट' एक्शन से गेंद फेंकते हुए।

चतुष्कोणी व पंचकोणी स्पर्धाओं में लालाजी हिन्दुओं की टीम के लिए 10 मैच खेले और एक शतक तथा तीन अर्धशतकों के साथ उन्होंने 44 की औसत से 704 रन बनाए। उन्होंने विकेट के चारों ओर आकर्षक 'स्ट्रोक्स' लगाकर दर्शकों को आंदोलित किया। तब भी वे क्रिकेट की बारीकियों के अच्छे जानकार माने जाते थे।

लालाजी साहस की प्रतिमूर्ति थे। जिस तरह वे 'कोमा' में जाकर लंबे समय तक अचेत रहे व फिर 'कोमा' से बाहर आए वह उनके साहस व तीव्र इच्छाशक्ति का ही प्रतिफल था। इसके वर्षों बाद 5 अगस्त, 2000 को उनका निधन हुआ। उन्हें श्रद्धांजलि देते समय मुश्ताक साहब ने ठीक ही कहा था, "वे ऐसे मनुष्य थे जो त्वरित ही किसी को चाहने लगता था और त्वरित ही घृणा भी करने लगता था।" अटल जी ने उन्हें 'आयकॉन' कहा। कर्नल नायडू की ही तरह उनका अपना ठाठ, अपनी ठसक व रुतबा था। नायडू की ही तरह वे भारत के सर्वाधिक प्रतिष्ठित रणनीतिकार व क्रिकेट मामलों के विशेषज्ञ थे और अपनी बात बेबाक ढंग से रखते थे। अधिकांश मामलों में उनका पूर्वानुमान व टिप्पणी सटीक व सही निकलती थी। विकेट के बारे में अधिकांश लोगों की भविष्यवाणी गलत निकलती है क्योंकि विकेट कैसे खेलेगा व किसको मदद देगा यह कह पाना असम्भव होता है। किन्तु लालाजी का पूर्वानुमान विकेट के बारे में आम तौर पर सही सिद्ध होता था। प्रतिस्पर्धी टीम के खिलाड़ियों की कमजोरियाँ भी उनकी तीक्ष्ण दृष्टि तुरन्त भाँप लेती थी।

वे अपनी श्रेष्ठ पारी 1945 में मद्रास के चेपक पर खेली गई उस पारी को मानते थे जो उन्होंने सीलोन (अब श्रीलंका) जाते समय मार्च के महीने में खेली थी। गुलाम अहमद, रंगाचारी, रामसिंह, गोपालन व पालिया की गेंदें कहर बरपा रही थीं किन्तु लालाजी उस दिन अपने पूरे शबाब पर थे और 7 रनों पर 4 विकेट गिर जाने के बाद भी उन्होंने 'लंच' के पहले ही अपना शतक पूरा कर लिया। उन्हें मर्चेंट से भरपूर सहयोग मिला। इसी तरह 1934 में

मोइनउद्दौला स्पर्धा में अपनी नाबाद 104 रनों की पारी को भी वे विशेषरूप से स्मरण रखना चाहते थे क्योंकि वह पारी क्वायर मैटिंग पर लैरी कांस्टॅनटाइन के विरुद्ध खेली गई थी। इन पारियों को वे 1933–34 के अपने पहले टेस्ट शतक, उसके एक माह पूर्व अमृतसर में बनाए गए 109 रनों व 1947–48 में मेलबोर्न में बनाए गए नाबाद 228 रनों से ज्यादा अहमियत देते थे। अपने प्रथम श्रेणी टेस्ट शतकों में से आधे से अधिक उन्होंने या तो विदेश में लगाए थे या फिर भारत आई विदेशी टीमों के विरुद्ध खेलते हुए। उनकी स्मृति में किस्से-कहानियों की भरमार थी और यह पता लगाना कठिन था कि उनमें से कितनी बातें सत्य हैं व कितनी कल्पना व मिर्च-मसाले की मदद से दिलचस्प बनाई हुईं।

उन्होंने बातचीत में ही बताया था कि उनका असली नाम अमरनाथ भारद्वाज था जैसे कि कपिल देव का नाम कपिल देव निखंज व मदनलाल का नाम मदनलाल शर्मा था। पर क्रिकेट जगत् में ये तीनों क्रमशः लाला अमरनाथ, कपिल देव व मदनलाल के नाम से ही जाने गए। वे स्वाभिमानी तो इतने थे कि जब 1932 में उन्हें पंजाब की टीम में 12वाँ खिलाड़ी बनाया गया तो वे मैदान से यह ठान कर चले गए कि वे तो शीघ्र ही राष्ट्रीय टीम में होंगे।

वे मानते थे कि अति व्यावसायिकता ने खेल का असली मज़ा व आकर्षण ही समाप्त कर दिया है। उनके समय में क्रिकेट भद्र पुरुषों का खेल था। व्यावसायिकता के समय में वह भद्र पुरुषों का खेल नहीं रह गया है। वे टेस्ट क्रिकेट को कठिन व बेहद प्रतिस्पर्धात्मक मानते थे। उनकी राय में जार्डिन श्रेष्ठ कप्तान थे और 'बॉडीलाइन' की योजना प्रतिस्पर्धी टीम को रन बनाने से रोकने के लिए अपनाई गई रणनीति थी; अतः वे उसके विरुद्ध कभी नहीं रहे।

लालाजी जैसा रंगीन व्यक्तित्व भारतीय क्रिकेट इतिहास में ढूँढने से भी नहीं मिलेगा। नायडू के बाद लाला अमरनाथ दूसरे ऐसे भारतीय खिलाड़ी थे जिन्होंने अपने व्यक्तित्व व खेल से क्रिकेट के हर विभाग को प्रभावित किया। भारत को पहली अधिकृत टेस्ट विजय दिलवाने वाले लाला अमरनाथ पहले भारतीय क्रिकेट कप्तान थे। 1952–53 में पाकिस्तान को हराकर उन्होंने यह करिश्मा किया था और पहला व्यक्ति तो पहला ही होता है, भले ही फिर वह किसी भी क्षेत्र का क्यों न हो। भारतीय क्रिकेट में लाला की अपनी अहमियत व महत्त्वपूर्ण योगदान है। भारत के लिए पहला टेस्ट शतक लगाने वाले, अपने पहले ही टेस्ट में शतक ठोकने वाले व अपनी कप्तानी में भारत को पहली टेस्ट शृंखला जितवाने वाले लाला अमरनाथ ही तो थे।

वे 15 टेस्ट में भारत के कप्तान रहे जिनमें से 2 में भारत जीता और 6 में हारा जबकि 7 मैच 'ड्रॉ' रहे। यह याद रखिए कि उन्होंने अफरातफरी व आजादी के बाद नवनिर्माण के दौर में कप्तानी की और तब भारतीय क्रिकेट अपनी प्रारंभिक अवस्था में था।

मंसूर अली खान पटौदी

मंसूर अली खान पटौदी

मंसूर अली खान पटौदी को क्रिकेट जगत् टाइगर पटौदी के नाम से जानता है। यह नाम उनके चुस्त-दुरुस्त क्षेत्ररक्षण, मैदानी चपलता, तेज़ी से दौड़कर गेंद रोक लेना व उसी 'एक्शन' में सटीक 'थ्रो' करना और 'कवर पॉइंट' के बेजोड़ विशेषज्ञ क्षेत्ररक्षक की ख्याति के कारण मिला।

5 जनवरी, 1941 को भोपाल, मध्य प्रदेश में पैदा हुए टाइगर पटौदी के पिता इफ्तिखार अली खान पटौदी को सीनियर पटौदी कहा जाता है। वे इंग्लैण्ड के लिए भी खेले व 1946 में इंग्लैण्ड गई भारतीय टीम के कप्तान भी रहे। उन्हें सीनियर पटौदी कहे जाने के कारण ही टाइगर पटौदी को जूनियर पटौदी भी कहा जाता है। अतः क्रिकेट उनके खून में था और यह शौक उन्हें विरासत में मिला। ऑक्सफोर्ड विश्वविद्यालय के विंचेस्टर में पढ़ने व इंग्लैण्ड में रहने व खेलने का उन्हें सहज लाभ मिला। उनके पिता भी ऑक्सफोर्ड व ससेक्स के लिए खेले थे। टाइगर ने भी अपने पिता का ही अनुसरण किया। वहाँ उन्होंने कम आयु

में ही एक आक्रामक बल्लेबाज व चुस्त फुर्तीले क्षेत्ररक्षक की ख्याति अर्जित कर ली। जब वे 16 वर्ष के थे तभी प्रसिद्ध क्रिकेट समीक्षक जॉन ऑर्लोट ने कहा था कि स्कूल में पढ़ते हुए भी जूनियर पटौदी में अपने पिता सीनियर पटौदी के सभी गुण विद्यमान थे। निर्दोष तकनीक, उम्दा फुटवर्क और धैर्य उनकी प्रमुख विशेषताएँ थीं। जब वे ऑक्सफोर्ड में पढ़ रहे थे तभी उनके कीर्तिमानों की चर्चा इंग्लैण्ड के क्रिकेट जगत् में होने लगी थी। 1960 में उन्हें सर्वाधिक प्रतिभावान युवा बल्लेबाज के रूप में सराहा गया। तभी कार दुर्घटना में उनके गंभीर रूप से घायल होने व एक आँख गँवा देने तथा पैर तुड़वा लेने की त्रासदी हुई। ऐसा लग रहा था कि असमय ही उनके क्रिकेट जीवन का अंत हो चुका है। भारत में भी सभी उनकी इस दुर्घटना व चोट से चिंतित थे। लेकिन उनका जीवट व इच्छाशक्ति देखिए कि इस भयंकर दुर्घटना के चंद महीनों बाद वे टेड डेक्सटर की एम.सी.सी. टीम के विरुद्ध बोर्ड अध्यक्ष एकादश की टीम का नेतृत्व करने के लिए तैयार थे। 20 वर्ष की आयु से ही उन्हें भारत के भावी क्रिकेट कप्तान के रूप में देखा जाने लगा था। उन्होंने शानदार 70 रन बनाए व अपनी कुशल कप्तानी से सभी को प्रभावित किया। इसके फलस्वरूप उन्हें इंग्लैण्ड के विरुद्ध दूसरे टेस्ट के लिए चुन लिया गया। लेकिन चोट के कारण वे दिल्ली में खेले गए तीसरे टेस्ट से ही अपने टेस्ट जीवन का आरम्भ कर सके। उन्होंने आते ही जोरदार चौके मारे पर दुर्भाग्यवश वे 13 रन बना कर आउट हो गए। अगले टेस्ट में उन्होंने 64 व 32 रन बनाए और मद्रास में खेले गए पाँचवें व अन्तिम टेस्ट में उन्होंने ऐसा अविस्मरणीय शतक बनाया जो कि कौशल व

साहस के लिहाज़ से कॉर्पोरेशन मैदान पर खेली गई बेमिसाल पारियों में शुमार किया जाता है।

1962 में जब नरी कंट्रेक्टर के नेतृत्व में भारतीय टीम वेस्टइंडीज़ गई तो कई वरिष्ठ व सितारा खिलाड़ियों की अनदेखी कर 21 वर्ष के टाइगर पटौदी को टीम का उपकप्तान नियुक्त किया गया। जब बार्बेडोज़ के विरुद्ध खेले गए प्रथम श्रेणी मैच में चार्ली ग्रिफिथ की गेंद पर कंट्रेक्टर के सिर में घातक चोट लगी और उनके सिर की शल्य चिकित्सा की गई जिसमें फ्रेंक वॉरेल ने अपना खून दिया तो अगले मैचों में पटौदी ही कप्तान रहे। पहले ऐसा लगा कि उनका वेस्टइंडीज़ में तीन टेस्ट मैचों की कप्तानी करना शायद अंतरिम व्यवस्था है क्योंकि 1963 में इंग्लैण्ड के भारत आगमन के समय उमरीगर व चन्दू बोर्डे के नाम भी चर्चा में आए। कारण यही था कि युवा पटौदी के यदि कुछ समर्थक थे तो कुछ आलोचक भी थे ही। 1963-64 के घरेलू क्रिकेट मौसम में पटौदी का 'फॉर्म' भी कमज़ोर रहा था परन्तु जब कप्तान के नाम की घोषणा होनी थी उसके ठीक पहले दलीप ट्रॉफ़ी मैच में उन्होंने 141 रन बनाए जो कि बड़े सामयिक सिद्ध हुए। फिर तो उन्होंने 40 टेस्ट मैचों में भारत की कप्तानी करने का कीर्तिमान बनाया जो कि पीटर मे के 41 टेस्ट की कप्तानी के तब के विश्व कीर्तिमान से सिर्फ एक टेस्ट कम था।

वेस्टइंडीज़ में एवजी कप्तान के रूप में तो वे कप्तानी कर ही चुके थे पर जब वे विधिवत् भारत के कप्तान बने तो उनका यह प्रारम्भ बहुत शुभ तथा भाग्यशाली नहीं रहा। श्रृंखला के पाँचों टेस्ट 'ड्रॉ' रहे। इसके अतिरिक्त उन्होंने दिल्ली टेस्ट में जो नाबाद 203 रन बनाए वे अनियमित गेंदबाजों के

विरुद्ध खेलकर बनाए। अतः समीक्षकों ने उन्हें अधिक महत्त्व नहीं दिया। यहाँ तक कि उनकी नेतृत्व क्षमता पर भी प्रश्नचिह्न लगाया जाने लगा। बात यहाँ तक पहुँची कि अगली श्रृंखला में उन्हें कप्तान बनाए रखने के लिए चयन समिति के प्रमुख को अपने निर्णायक मत का प्रयोग करना पड़ा। ऑस्ट्रेलिया के विरुद्ध 1964 में खेली गई 3 टेस्ट मैचों की श्रृंखला में भारत व ऑस्ट्रेलिया दोनों ने 1-1 टेस्ट जीता, एक टेस्ट 'ड्रॉ' रहा किन्तु इसके बाद कभी किसी ने उनकी नेतृत्व क्षमता पर कोई सवाल नहीं उठाया। वे कुल 46 टेस्ट खेले और उनमें से 40 टेस्ट में उन्होंने भारत की कप्तानी की जिनमें से 12 में भारत ने जीत दर्ज की। उन्हें भारतीय क्रिकेट इतिहास का सफल ही नहीं, श्रेष्ठतम कप्तान माना जाता है। इसका सबसे बड़ा कारण तो यह है कि उन्होंने भारतीय टीम को टेस्ट जीतने की आदत डलवाई व उसे जीतने का महत्त्व समझाया। दूसरा कारण यह है कि उन्होंने चयन समिति को इस बात के लिए सहमत किया कि भारत अपनी शक्ति को पहचाने व 'स्पिन' कला का उपयोग करने की योजना बना कर खेले। तीसरा कारण था स्वयं उनका बतौर एक खिलाड़ी प्रदर्शन करके दूसरों के सामने अच्छे खेल का उदाहरण प्रस्तुत करने में सफल होना। फलस्वरूप उन्होंने फिर पीछे मुड़कर नहीं देखा। उन दिनों ऑस्ट्रेलिया, वेस्टइंडीज़ और इंग्लैण्ड तेज़ गेंदबाजी के दम पर जीतते थे। वहाँ के विकेट भी तेज़, उछाल वाले व स्विंग गेंदबाजी की मदद करने वाले थे। पटौदी ने तेज़ गेंदबाजी के जवाब में स्पिन गेंदबाजी को हथियार बनाया क्योंकि भारतीय विकेट स्पिन गेंदबाजी की मदद करते रहे हैं और भारतीय स्पिन गेंदबाजी अपनी विविधता व पैनेपन के कारण विख्यात रही है। वे अक्सर तीन व कभी चार स्पिन गेंदबाजों को लेकर खेले और सफल भी हुए। यदि भारतीय टीम का क्षेत्ररक्षण अच्छा होता तो वे और भी अधिक सफल होते।

1964 में बॉबी सिंप्सन की ऑस्ट्रेलिया टीम के विरुद्ध बराबर रही श्रृंखला में टाइगर पटौदी की बल्लेबाजी अपने पूरे निखार पर थी। मद्रास में नाबाद 128 रन बनाकर उन्होंने अपने पिता का अनुसरण करते हुए ऑस्ट्रेलिया के विरुद्ध अपने पहले ही टेस्ट में शतक बनाने का सम्मान प्राप्त किया। फिर मुंबई टेस्ट में 86 व 53 रन बनाए। कुछ ही माह बाद न्यूज़ीलैण्ड के विरुद्ध खेली गई श्रृंखला में भी उनका यही 'फॉर्म' जारी रहा। 1966-67 में वेस्टइंडीज़ के विरुद्ध उनकी बल्लेबाजी अपेक्षा के अनुरूप नहीं रही। लेकिन 1967 में इंग्लैण्ड के विरुद्ध लीड्स पर खेले गए वर्षा से प्रभावित टेस्ट में पटौदी ने विपरीत व चुनौतीपूर्ण परिस्थिति में जो बल्लेबाजी की वह उनके साहस, कौशल व मज़बूत

मानसिकता का ज्वलंत उदाहरण थी। 64 रनों की उनकी उस पारी को इंग्लैण्ड के दर्शक कभी भूल ही नहीं पाए। उनकी इस अविस्मरणीय पारी से प्रेरित होकर भारत ने फ़ॉलोऑन में खेलते हुए दूसरी पारी में 510 रन बनाए जिनमें टाइगर पटौदी के 148 रन थे। उनकी ये दोनों पारियाँ मेलबोर्न की 75 व 85 रनों की पारियों की तरह चार सर्वश्रेष्ठ पारियों में सम्मिलित की गई हैं। तब उन्होंने 24 टेस्ट में 6 शतक बना लिए थे और ऐसा लग रहा था कि वे पॉली उमरीगर के 12 टेस्ट शतकों के कीर्तिमान को शीघ्र ही तोड़ देंगे परन्तु दुर्भाग्यवश लीड्स का टेस्ट शतक पटौदी का अन्तिम टेस्ट शतक साबित हुआ। इंग्लैण्ड के उस दौरे में पटौदी बल्लेबाजी की औसत व रनों के मान से शिखर पर रहे। उन्हें विश्व के श्रेष्ठ बल्लेबाजों में सम्मिलित किया जाने लगा।

1969-70 का सत्र उनके लिए अच्छा नहीं रहा। न्यूजीलैण्ड के विरुद्ध शृंखला 1-1 से बराबर रही। हैदराबाद टेस्ट में तो हद हो गई जब उनके घरेलू मैदान पर दर्शकों ने उन्हें 'हूट' किया। कप्तान के रूप में तो वे असफल रहे ही, बल्लेबाजी में भी असफल रहे। केवल मुंबई टेस्ट में सुरक्षात्मक शैली में उनके 67 रन ही उल्लेखनीय रहे। फिर ऑस्ट्रेलिया के विरुद्ध खेली गई शृंखला में भी यही कहानी दोहराई गई। इसमें भी मुंबई टेस्ट में उनकी 95 रनों की पारी ही महत्त्वपूर्ण रही वरना वे 0, 38, 0, 8, 15 और 1 रन ही बना सके। यह प्रदर्शन एक विश्वस्तरीय बल्लेबाज की ख्याति के प्रतिकूल ही था। कोलकाता में तो उन्हें 'शर्म करो पटौदी' जैसे नारे सुनने पड़े। मद्रास टेस्ट में अवश्य 59 रन बनाकर उन्होंने अपने आलोचकों को मुँहतोड़ जवाब दिया किन्तु दूसरी पारी में जब टीम को रनों की आवश्यकता थी तो वह मात्र 4 रन बनाकर ही आउट हो गए। भारत वह शृंखला 1-3 से हार गया। यदि न्यूज़ीलैण्ड के विरुद्ध उनकी बल्लेबाजी का औसत 21 रहा था तो ऑस्ट्रेलिया के विरुद्ध वह 24 रहा जो कि दयनीय ही था। उनका 36 टेस्ट में कप्तानी करते रहने का दौर समाप्त हो चुका था और उनके टेस्ट जीवन के अन्त का प्रारंभ भी हो चुका था। कप्तानी अब अजीत वाडेकर के हाथों में थी। लेकिन 1972-73 में इंग्लैण्ड के विरुद्ध पहले दो टेस्ट मैचों में जब भारतीय बल्लेबाजी असफल रही तो पटौदी की वापसी की माँग ने जोर पकड़ा। जो लोग कुछ वर्ष पहले पटौदी को हटाए जाने की माँग कर रहे थे अब वे ही उनकी वापसी के लिए जोर लगा रहे थे। खिलाड़ी के रूप में उनकी वापसी हुई और उन्होंने मद्रास टेस्ट में 73 और कानपुर टेस्ट में 54 रन बनाए। भारतीय बल्लेबाजी को जो स्तरीय सम्मोहन वर्षों पहले उन्होंने प्रदान किया था उसकी झलक इन

पारियों में भी दिखाई दी। लेकिन 1974 में इंग्लैण्ड यात्रा पर गई भारतीय टीम में उनको नहीं लिया गया। निराशाजनक प्रदर्शन के बाद वाडेकर ने कप्तानी छोड़ी और संकट की इस घड़ी में भारत की यात्रा पर आई वेस्टइंडीज़ टीम के विरुद्ध चार टेस्ट मैचों में पटौदी ने फिर कप्तानी की। 2 मैच भारत ने जीते व 2 वेस्टइंडीज़ ने। यह प्रदर्शन वास्तव में प्रशंसा के योग्य था। वेस्टइंडीज़ भारत का सफाया करने के इरादे से आई थी और उसे शृंखला में बराबरी से संतोष करना पड़ा। पटौदी ने तीन स्पिनर खिलाकर व नई गेंद मदनलाल व करसन घावरी से करवाकर क्षेत्ररक्षण की श्रेष्ठ जमावट की बदौलत मेहमान टीम को परेशान करके पराजित किया। वे एक कप्तान के रूप में जितने सफल रहे, एक बल्लेबाज के रूप में उतने ही असफल रहे। औसत के मान से वे बल्लेबाजी में 14वें क्रम पर रहे जो कि अत्यधिक दयनीय था।

सीधे हाथ के आक्रामक व आकर्षक बल्लेबाज के रूप में उन्होंने 46 टेस्ट की 83 पारियों में 6 शतक व 16 अर्धशतकों सहित 34.91 की औसत से 2793 रन बनाए और 27 कैच लपके। प्रथम श्रेणी क्रिकेट में उनके नाम पर 310 मैचों की 499 पारियों में 15425 रन हैं जिनमें 33 शतक व 75 अर्धशतक हैं।

आंकड़ों, औसत व सफलता के प्रतिशत के मान से भले ही पटौदी की उपलब्धि बहुत चमकदार न लगती हो पर उसे कम आँकना उतना ही भ्रामक होगा जितना कि रिकी पोंटिंग की कप्तानी को सफलता के प्रतिशत के मान से अद्वितीय मानने की भूल करना। पोंटिंग को अपनी सफलता को देखकर अपने बारे में गलतफहमी ही पैदा होगी। पटौदी की कप्तानी के बारे में राय बनाने से पहले उनकी टीम, परिस्थिति और उस समय के तौर-तरीकों का ध्यान में रखा जाना अत्यधिक आवश्यक है। उन्हें जो टीम मिली उसमें अधिकांश खिलाड़ी उनसे वरिष्ठ व अधिक अनुभवी थे लेकिन उन्होंने बड़े आत्मविश्वास के साथ कप्तानी की और एक ऐसी मजबूत टीम खड़ी की जिसे हराना हर टीम के लिए कठिन रहा। उन्होंने जीतने के प्रयास में हार जाने का खतरा भी उठाया। कम उम्र के होते हुए भी उन्होंने अपने साथियों को स्वाभिमान व राष्ट्रीय गौरव के साथ-साथ स्वयं की क्षमता व कौशल पर गर्व करने की प्रेरणा दी। अन्यथा उनके पहले के, अर्थात् सी.के. नायडू व लाला अमरनाथ के बाद के कप्तान इंग्लैण्ड, वेस्टइंडीज़ व ऑस्ट्रेलिया के विरुद्ध दबे-दबे से रहते थे व खेलते समय एक तरह की हीन भावना से ग्रस्त रहते थे। पटौदी ने हर प्रतिस्पर्धी कप्तान के साथ बराबरी का सम्बन्ध रखा फिर भले ही बॉबी

सिम्पसन हों या फ्रेंक वॉरेल या डी.बी. क्लोज़। न तो उन्होंने कभी दूसरों पर बिना किसी कारण के हावी होने का प्रयास किया और न ही उन्हें हावी होने दिया। समान आदर भाव रखकर खेले और यही दूसरों से भी अपेक्षा की। उनकी खुद्दारी, अहम व खेलभावना के दो उदाहरण देना चाहूँगा। एक बार इंग्लैण्ड के कप्तान डी.बी. क्लोज़ 'टॉस' के लिए यह सोचकर मैदान की ओर बढ़ चले कि पटौदी उनके पीछे-पीछे चले आएँगे। उन्होंने मेज़बान कप्तान के नाते मेहमान कप्तान को 'टॉस' के लिए आमंत्रित नहीं किया जबकि मान्य परंपराओं के लिहाज से यह आवश्यक था। पटौदी भी बैठे रहे। जब क्लोज़ ने देखा कि वे नहीं आ रहे हैं क्योंकि उन्होंने उन्हें आमंत्रित ही नहीं किया है तो उन्हें अपनी भूल का अहसास हुआ। वे तुरंत पटौदी के पास आए और उन्हें आमंत्रित करके ले गए। इस तरह पटौदी ने इंग्लैण्ड के कप्तान को अपने स्वाभिमान का अनुभव कराया। इसी तरह एक दलीप ट्रॉफ़ी मैच में उनके अच्छे मित्र राजसिंह डूंगरपुर ने राजस्थान के स्पिनर चन्दू जोशी की एक गेंद पर पटौदी के विरुद्ध 'स्लिप' में कैच की 'अपील' की। पटौदी जानते थे कि गेंद टप्पा खा चुकी है। उन्होंने बस घूरकर राजसिंह की ओर देखा व पूरे दिन उनसे बात नहीं की। ऐसा करके उन्होंने बता दिया कि वे गलत 'अपील' को कितना नापसंद करते हैं फिर भले ही वह 'अपील' करने वाला उनका कोई करीबी मित्र ही क्यों न हो।

पटौदी ने एक बार कहा था कि कुछ कप्तान आगे बढ़कर यानी स्वयं अच्छा खेलकर अपने साथियों को अच्छा खेलने के लिए प्रेरित करते हैं, अर्थात् वे 'पुलर्स' होते हैं जबकि अन्य कप्तान अपने खिलाड़ियों को पीछे से ढकेल कर उनसे अच्छा प्रदर्शन करवाते हैं, अर्थात् वे 'पुशर्स' होते हैं। रे इलिंगवर्थ

और माइक ब्रेयली 'पुशर्स' थे जबकि रिची बेनो और गैरी सोबर्स 'पुलर्स' थे। पर हर कप्तान के लिए सबसे आवश्यक बात यह है कि उसे अपनी टीम का विश्वास व समर्थन प्राप्त हो। आमतौर पर कप्तान अपनी टीम का प्रमुख खिलाड़ी होता है जैसे कि राहुल द्रविड़ या सचिन तेंदुलकर रहे। किन्तु पटौदी मानते हैं कि वे कभी अपनी टीम के प्रमुख खिलाड़ी नहीं रहे। उन्हें दो बातों का सहज लाभ मिला, एक तो उनको जो टीम मिली उसके अधिकांश खिलाड़ी वृद्ध हो रहे थे और वे स्वयं बड़ी जल्दी हर चीज सीख लेते थे। वे खेल के अच्छे जानकार थे व स्वप्रेरणा से फैसला लेते थे अतः सभी खिलाड़ी उनको सम्मान देते थे। दूसरे उन्हें एक अच्छे, अंग्रेजी पृष्ठभूमि वाले व क्रिकेट परिवार का लाभ मिला। स्वप्रेरणा से वही व्यक्ति निर्णय ले सकता है जिसमें सामान्य ज्ञान व अंतर्दृष्टि का मिश्रण हो। व्यक्ति अनुभव से ही सीखता है और एक कुशल कप्तान जो सीखता है उसका माकूल परिस्थिति में उपयोग भी करता है। पटौदी को 1962 में वेस्टइंडीज़ में पॉली उमरीगर जैसे खिलाड़ी से मदद मिली। चूँकि वरिष्ठ खिलाड़ी अवकाश प्राप्त करने की कगार पर थे अतः कोई विवाद भी नहीं उठा। विवाद या अहम का टकराव आमतौर पर समान आयु वाले खिलाड़ियों में होता है। इस कारण से पटौदी भाग्यशाली रहे। नवाबी खानदान में पैदा होने के कारण उन्हें खिलाड़ियों से संबन्ध बनाए रखने के लिए बड़े कौशल से काम करना पड़ा। वे न तो उनसे दूर रह सकते थे और न ही उनमें पूरी तरह घुलमिल सकते थे। संबन्धों में संतुलन बनाए रखना एक कठिन कला है; विशेषकर आधुनिक क्रिकेट में तो संबन्धों का संतुलन अत्यधिक आवश्यक है। एक कप्तान न तो पूर्ण रूप से खिलाड़ियों की ओर हो सकता है और न ही संगठन या प्रशासकों की ओर। उसे कहीं दोनों के बीच में रहना होता है। न तो वह खिलाड़ियों से कटा हुआ अलग-थलग रह सकता है और न ही उनमें पूरी तरह घुलमिल सकता है। कप्तान चूँकि एक जिम्मेदार व्यक्ति होता है, उसे कई बार सख्त व अप्रिय निर्णय लेने होते हैं तथा निजी हित को टीम के हित में छोड़ देना होता है। ऐसी स्थिति में जब आपको सख्त निर्णय लेने हों तो आप किसी को मित्र नहीं बना सकते। पटौदी को साथियों से कुछ दूरी बनाए रखनी होती थी और इसके लिए कुछ लोगों ने उनकी नवाबी पृष्ठभूमि को जवाबदार माना तो कुछ ने उन्हें अकड़ू व दिखावटी समझा।

पटौदी के समय से आज के कप्तानों की भूमिका में बड़ा अन्तर आ गया है। अब टीम के साथ अनेक अधिकारी अलग-अलग कार्यों के लिए जाते हैं। कोच, बल्लेबाजी कोच, गेंदबाजी कोच, क्षेत्ररक्षण कोच, फ़िज़ियोथेरेपिस्ट, ट्रेनर,

चिकित्सक के अतिरिक्त मैनेजर, इस तरह सात या आठ विशेषज्ञ टीम की सहायता के लिए उपलब्ध रहते हैं। मीडिया मैनेजर व कम्प्यूटर एनालिस्ट अलग होते हैं। पटौदी के समय में केवल एक मैनेजर ही साथ जाता था। जब 1967–68 में टीम ऑस्ट्रेलिया गई तो वह ऑस्ट्रेलिया जाने वाली दूसरी भारतीय टीम थी। पहली भारतीय टीम 1947–48 में ऑस्ट्रेलिया गई थी। अर्थात् 20 वर्षों बाद कोई भारतीय टीम ऑस्ट्रेलिया के दौरे पर गई। न तो खिलाड़ी ऑस्ट्रेलिया के बारे में कुछ जानते थे और न ही मैनेजर। न तो उन्हें वहाँ की बसों के बारे में कुछ मालूम था और न ही आने-जाने के अन्य साधनों के बारे में। टीम को अपने परिवार से 5 माह तक अलग रहना पड़ा। अतः खिलाड़ी घर की याद में बेचैन हो उठते थे। ऐसे में कप्तान पर टीम को सँभालने की अतिरिक्त जिम्मेदारी होती थी। सामाजिक समारोह भी होते थे जो कि अत्यधिक थकाने वाले हुआ करते थे। कप्तान को खेल के अतिरिक्त इस ओर भी ध्यान देना होता था। तब सुविधाएँ कम और समस्याएँ अधिक थीं। अब सुविधाएँ बढ़ी हैं और संसाधन भी अधिक हुए हैं। वैसे आज की भी अपनी समस्याएँ हैं। अब लगातार खेलते रहने व प्रतिस्पर्धाओं के बढ़ जाने से खिलाड़ियों को शारीरिक रूप से अधिक चुस्त-दुरुस्त रहना पड़ता है। अधिक खेलने से वे चोटग्रस्त भी अधिक होने लगे हैं अतः फिटनेस की समस्या प्रमुख है। फिर मैचों का सीधा टेलीविजन प्रसारण होने लगा है व समाचार पत्रों में समीक्षाएं भी लगातार होती हैं। अतः मीडिया का दबाव भी बढ़ गया है। खेल की लोकप्रियता ने भी अच्छे प्रदर्शन की अपेक्षा का दबाव बढ़ाया है। आज हर व्यक्ति क्रिकेट विशेषज्ञ बन गया लगता है। पहले लोग यही कहते थे कि कल क्या होगा, अब बतलाते हैं कि अभी क्या होने वाला है। इस कारण आज खिलाड़ियों के एकजुट रहने की बड़ी आवश्यकता है। यदि वे मीडिया की बातों पर ध्यान देंगे तो उनका आत्मविश्वास डगमगा जाएगा और परिणामस्वरूप उनका खेल प्रभावित होगा।

एक अच्छे भारतीय कप्तान के लिए आवश्यक है कि लोगों को ऐसा लगे कि वह अपने किसी प्रिय खिलाड़ी की गलत हिमायत नहीं कर रहा है। ऐसा लगना चाहिए कि वह टीम के लिए खेल रहा है व जो भी कर रहा है वह टीम के हित में है। उसे खेल के इतिहास व उसके विकास की अच्छी जानकारी होनी चाहिए। आज लोग क्रिकेट साहित्य कम पढ़ते हैं, टेलीविज़न अधिक देखते हैं।

एक आँख खो देने के कारण पटौदी को लगा कि उनकी प्रतिभा उनसे बरबस छीन ली गई है और उन्होंने अपनी कुंठा व आक्रोश की भरपाई भारत

को एक अच्छा क्रिकेट राष्ट्र बनाकर, उसकी छवि एक ताकतवर व प्रतिभावान टीम की बनाकर करनी चाही। जो उन्होंने निजी रूप में खोया वह उन्होंने एक अच्छी टीम खड़ी करके पाना चाहा। उन्हें दु:ख है कि वे प्रतिभावान सलीम दुर्रानी से उनका श्रेष्ठ प्रदर्शन नहीं करवा पाए। उन्हें लगता है कि यदि वे और कड़ा प्रयास करते तो शायद सफल हो पाते। जो भी हो, उन्होंने अपने स्तर पर भारत को एक अच्छा क्रिकेट देश बनाने का प्रयास किया और आज वह उससे कहीं आगे पहुँच गया है। उन्होंने भले ही भारतीय क्रिकेट के उत्थान के लिए बहुत कुछ किया हो, वे अब उसे भूल जाना चाहते हैं। न जाने क्यों जिस खेल के लिए उन्होंने इतना कुछ किया और जिस खेल ने उन्हें इतना सम्मान दिया वे अब उससे दूर रहना चाहते हैं। पर लोग भला कैसे भूल सकते हैं कि जब क्रिकेट जगत् में तेज़ गेंदबाजों की तूती बोलती थी, पटौदी ने 'स्पिन' गेंदबाजी के महत्त्व को पहचाना और भारत के लिए 'स्पिन' गेंदबाजी की ताकत से खेलने का सफल प्रयोग किया। सुभाष गुप्ते, सलीम दुर्रानी, चन्दू बोर्डे, चन्द्रशेखर, प्रसन्ना, बेदी व वेंकटराघवन जैसे स्पिन गेंदबाजों का चतुराई से उपयोग करते हुए उन्होंने विश्व में भारतीय स्पिन गेंदबाजी की ताकत को स्थापित किया। वे कभी 3 तो कभी 4 स्पिन गेंदबाज लेकर खेले और चूँकि विश्व के अधिकांश बल्लेबाज तेज़ गेंदबाजी खेलने के तो अभ्यस्त थे किन्तु उन्हें स्पिन खेलने का अच्छा अभ्यास नहीं था, अत: पटौदी की योजना सफल रही। स्पिन की ताकत से ही उन्होंने भारत को 9 टेस्ट में विजय दिलवाई। जो क़ाम अन्य देशों के तेज़ गेदबाजों ने किया वह पटौदी की कप्तानी में भारत के स्पिन गेंदबाजों ने कर दिखाया। यदि पटौदी को अपने स्पिन गेंदबाजों पर विश्वास था तो स्पिन गेंदबाज भी जानते थे कि वे उनका समुचित इस्तेमाल करेंगे व उनके लिए उचित क्षेत्ररक्षण की जमावट करेंगे। यह परस्पर विश्वास ही सफलता का कारण बना। स्पिन की विविधता, उचित क्षेत्ररक्षण की जमावट व गेंदबाजों का समुचित उपयोग पटौदी की सफलता का प्रमुख हथियार बने। उन्हें कप्तानी में आनन्द तो नहीं आया पर थोड़ा संतोष अवश्य हुआ कि वे जो करना चाहते थे वह पूरी तरह तो नहीं पर कुछ हद तक तो कर ही पाए। नेतृत्व करने का प्रस्ताव चूँकि प्रत्येक के लिए स्वीकार्य होना चाहिए इस कारण से उन्होंने अस्वीकार नहीं किया।

सी.के. नायडू व लाला अमरनाथ के बाद विजय हजारे, पॉली उमरीगर, जी.एस. रामचन्द और नरी कंट्रेक्टर जैसे बड़े खिलाड़ियों व कप्तानी कर चुके लोगों को छोड़कर पटौदी को चुनना हो सकता है कि कई लोगों को सही न लगे लेकिन मेरी राय में विजय हजारे सार्वकालिक मध्यक्रम के महान

बल्लेबाजों में ससम्मान स्थान पाने के योग्य तो हैं पर कप्तान के रूप में वे बिल्कुल सफल नहीं रहे। विनम्र व शालीन हजारे कभी किसी को कोई आदेश दे ही नहीं सकते थे। इसी कारण कहा जाता है कि दबंग नहीं होने के कारण वे बहुत से टेस्ट तो मैदान की बजाय ड्रेसिंग रूम में ही हार जाते थे। इसी तरह उमरीगर भी कभी अच्छे कप्तान नहीं रहे। हाँ, वे मध्यक्रम पर रन बनाने वाले बल्लेबाज अवश्य रहे पर वह भी तब जब कोई शुद्ध व वाकई तेज़ गेंदबाज सामने न हो। कंट्रेक्टर तो सिर पर चोट लग जाने के बाद जीवन-मृत्यु से संघर्ष करते रहे व फिर खेले भी तो उनमें पहले जैसा जोश व आत्मविश्वास शेष नहीं रहा। इसी तरह जी.एस. रामचंद भी कभी अपने समय के श्रेष्ठ खिलाड़ी नहीं रहे और जब उन्होंने कप्तानी की भी तो उनका टीम पर वह दबदबा नहीं रहा जो कि एक कप्तान का होना चाहिए।

हम लोग केवल कल्पना ही कर सकते हैं कि यदि कार दुर्घटना में उन्होंने अपनी एक आँख न खो दी होती और यदि वे दोनों आँखों से देख सकते तो क्या उनका अंतर्राष्ट्रीय क्रिकेट प्रदर्शन और अधिक प्रभावशाली नहीं होता? एक बार सार्वकालिक श्रेष्ठ क्षेत्ररक्षक माने जाने वाले दक्षिण अफ्रीका के कॉलिन ब्लाड के साथ पटौदी ने गेंद स्टंप पर मारने की प्रतिस्पर्धा की और मुकाबला करीबी रहा। ब्लाड ने जहाँ 10 में से 10 गेंद 'स्टंप' पर फेंकी वहीं पटौदी ने 10 में से 9 निशाने सही लगाए। ऐसे अद्‌भुत प्रतिभावान खिलाड़ी के लिए भला क्या काम कठिन था?

खेल की समझ, निर्णय क्षमता, परिस्थिति को भाँपने व आवश्यकतानुसार उचित निर्णय लेने, स्वाभिमान व खेल पर पकड़ बनाए रखने तथा हर खिलाड़ी का समुचित उपयोग कर पाने की क्षमता में पटौदी का जवाब नहीं था। तभी तो उन्होंने स्पिन आक्रमण के महत्त्व को पहचाना व उसका भरपूर उपयोग किया। यदि तब भारतीय टीम के क्षेत्ररक्षण का स्तर अच्छा होता तो पटौदी की सफलता और अधिक चमकदार होती।

पटौदी ने 40 टेस्ट में भारतीय टीम की कप्तानी की। उनके नेतृत्व में भारत ने 9 टेस्ट जीते, 19 हारे जबकि 12 'ड्रॉ' रहे। पर उनकी सफल कप्तानी की झलक आंकड़ों से कहीं अधिक मैदान पर कप्तानी करते हुए देखने से ही दिखाई देती थी।

अजीत वाडेकर

अजीत वाडेकर

1969 में पटौदी की कप्तानी में ऑस्ट्रेलिया के विरुद्ध 5 टेस्ट मैचों की घरेलू श्रृंखला में जब भारतीय टीम 1–3 से पराजित हुई तभी यह स्पष्ट हो गया था कि 1971 के वेस्टइंडीज़ व इंग्लैण्ड के दौरों के लिए भारतीय टीम की कप्तानी किसी अन्य व्यक्ति के हाथों में होगी।

अजीत वाडेकर एक बाएँ हाथ के आक्रामक बल्लेबाज के रूप में 1958–59 से ही चर्चित थे। घरेलू स्पर्धाओं में वे तीसरे क्रम के विश्वसनीय व सफल बल्लेबाज माने जाते थे। उन्हें अपना टेस्ट जीवन आरम्भ करने के लिए 8 वर्षों तक प्रतीक्षा करनी पड़ी। 1966 में वेस्टइंडीज़ के विरुद्ध खेलकर उन्होंने अपने टेस्ट जीवन का आरम्भ किया और 5 वर्ष टेस्ट क्रिकेट खेलने के बाद उनका नाम संभावित भावी कप्तानों में लिया जाने लगा।

1 अप्रैल, 1941 को मुंबई में जन्मे अजीत वाडेकर 7 वर्ष तक भारतीय टीम की बल्लेबाजी के प्रमुख स्तम्भ रहे और तीसरे

क्रम के आदर्श बल्लेबाज माने जाते रहे। उन्होंने परिस्थिति के अनुसार कुछ महत्त्वपूर्ण पारियाँ खेलीं और एक नज़दीकी क्षेत्ररक्षक के रूप में अच्छी ख्याति अर्जित की। 37 टेस्ट की 71 पारियों में एक शतक व 14 अर्धशतकों के साथ उनके नाम पर 31.07 के औसत से 2113 टेस्ट रन और 46 कैच दर्ज हैं। और 16 वर्ष के लम्बे प्रथम श्रेणी क्रिकेट जीवन में उनके खाते में 237 मैचों की 360 पारियों में 15380 रन हैं जिनमें 36 शतक व 84 अर्धशतक हैं।

पटौदी का 36 टेस्ट मैचों में लगातार कप्तानी करने का सिलसिला खत्म हुआ। विजय मर्चेंट की अध्यक्षता वाली चयन समिति ने लंबे विचार-विमर्श करने के बाद अंततः पटौदी के स्थान पर अजीत वाडेकर को भारतीय टीम का कप्तान बनाने का फैसला किया। चूँकि सदस्यों की राय बँटी हुई थी अतः मर्चेंट को अपने निर्णायक मत का प्रयोग करना पड़ा और उन्होंने अपना मत वाडेकर के पक्ष में दिया। इसके फलस्वरूप चेयरमैन के निर्णायक मत के कारण वाडेकर कप्तान नियुक्त हुए। कहते हैं कि पहले ही तीन-तीन हार्ट अटैक झेल चुके मर्चेंट उस मीटिंग में इतने अधिक आक्रोश में आ गए थे कि उनका चेहरा तमतमा कर लाल हो गया था। लोगों को डर लगने लगा था कि कहीं उनका रक्तचाप और न बढ़ जाए व कहीं उन्हें एक दौरा और न आ जाए।

1971 में वेस्टइंडीज़ के दौरे पर जाने वाली टीम उन्हीं की कप्तानी में गई और वह वहाँ 5 टेस्ट मैचों की श्रृंखला में 1-0 से विजयी होकर लौटी। श्रृंखला के 4 टेस्ट 'ड्रॉ' रहे। उस श्रृंखला में सोबर्स वेस्टइंडीज़ के कप्तान थे। किन्तु मार्च 1971 के पोर्ट ऑफ़ स्पेन पर खेले गए श्रृंखला के पहले ही टेस्ट में भारत ने वेस्टइंडीज़ को 7 विकेट से पराजित किया। भारतीय क्रिकेट इतिहास में यह पहला अवसर था जब भारत ने वेस्टइंडीज़ को वेस्टइंडीज़ में पराजित कर 'रबर' जीता। इस तरह वाडेकर कप्तान बनने में तो भाग्यवान रहे ही थे, सफलता के विषय में भी भाग्यवान सिद्ध हुए। अनुभवी दिलीप सरदेसाई, जयसिम्हा व सलीम दुर्रानी के अतिरिक्त अपना टेस्ट जीवन प्रारंभ करने वाले सुनील गावस्कर के अविस्मरणीय प्रदर्शन तथा वाडेकर, सोलकर व आबिद अली के चुस्त नज़दीकी क्षेत्ररक्षण के कारण भारत ताकतवर वेस्टइंडीज़ को उसी की धरती पर हराने में सफल रहा। भाग्य एवं परिस्थितियों के मिश्रित सहयोग से ही उन्हें यह सफलता प्राप्त हुई। वेस्टइंडीज़ को वेस्टइंडीज़ में हराने के बाद 1971 की जुलाई-अगस्त में भारतीय टीम वाडेकर की ही कप्तानी में इंग्लैण्ड गई और वहाँ भी सफल हुई। इंग्लैण्ड के विरुद्ध तीन टेस्ट मैचों की श्रृंखला में भारतीय टीम 1-0 से विजयी हुई जबकि

2 टेस्ट 'ड्रॉ' रहे। ओवल पर खेले गए श्रृंखला के तीसरे व अन्तिम टेस्ट में भारत ने इंग्लैण्ड को पहली बार इंग्लैण्ड में हराने में सफलता पाई और दूसरे दिन का खेल वर्षा की भेंट चढ़ जाने के बाद भी भारत यह टेस्ट 4 विकेट से जीता। इस तरह भारतीय क्रिकेट इतिहास में पहली बार भारतीय टीम इंग्लैण्ड जाकर 'रबर' जीतने में सफल हुई। कप्तान चूँकि वाडेकर थे अत: लगातार 2 टेस्ट 'रबर' जीतने के कारण उनकी ख्याति सभी ओर फैली। 1972-73 में टोनी लुईस की कप्तानी में इंग्लैण्ड की टीम भारत आई और 5 टेस्ट मैचों की

यह श्रृंखला भी वाडेकर के ही नेतृत्व में भारत ने 2-1 से जीत ली जबकि श्रृंखला के 2 टेस्ट 'ड्रॉ' रहे। इस तरह वाडेकर ने 4 'रबर' में भारतीय टीम का नेतृत्व किया जिनमें से तीन 'रबर' भारत ने जीते जिनमें वेस्टइंडीज़ व इंग्लैण्ड के विरुद्ध मिली पहली 'रबर' विजय भी सम्मिलित थी। 1974 में जब भारतीय टीम इंग्लैण्ड के दौरे पर गई तो एक सफल कप्तान व सफल बल्लेबाज के रूप में वाडेकर की ख्याति अपने शिखर पर थी लेकिन दुर्भाग्यवश भारत 3 टेस्ट मैचों की यह श्रृंखला 3-0 से हार गया। भारत तीनों टेस्ट मैचों में बुरी तरह हारा। पहला टेस्ट 115 रनों से, दूसरा एक पारी व 285 रनों से, व तीसरा भी एक पारी व 85 रनों से। लगातार तीन टेस्ट श्रृंखलाएँ जीतने से वाडेकर की कप्तानी की जितनी प्रशंसा हुई थी, इस श्रृंखला में मिली दयनीय पराजय के कारण उनकी कप्तानी की उतनी ही आलोचना हुई। अभी भी टीम में गावस्कर, वाडेकर, विश्वनाथ व वेंगसरकर जैसे बल्लेबाज व बेदी, प्रसन्ना, चन्द्रशेखर व वेंकटराघवन जैसे स्पिनर व सोलकर व वाडेकर जैसे चुस्त दुरुस्त क्षेत्ररक्षक थे। किन्तु पराजय का ठीकरा वाडेकर के सिर पर ही फूटा। तीखी आलोचना होने के कारण उन्हें कप्तानी छोड़ने पर विवश होना पड़ा।

संयोग देखिए कि अकस्मात् बहुत विचार-विमर्श के पश्चात् चयन समिति के चेयरमैन के निर्णायक मत से आश्चर्यजनक रूप से कप्तान बने वाडेकर ने कप्तान के रूप में ऐतिहासिक एवं स्वर्णिम सफलताएँ प्राप्त कीं। पहले वेस्टइंडीज़ को वेस्टइंडीज़ में और फिर इंग्लैण्ड को पहले इंग्लैण्ड में व फिर भारत में हराकर वाडेकर की कप्तानी में भारत ने लगातार तीन टेस्ट श्रृंखलाएँ

जीतीं। 1971 की वेस्टइंडीज़ व इंग्लैण्ड के विरुद्ध मिली जीतों के कारण वाडेकर रातोंरात देश के हीरो बन गए। देश भर में अपार उत्साह व प्रसन्नता की लहर उठी। इंदौर में वाडेकर को आमंत्रित किया गया और उस अविस्मरणीय विजय की स्मृति को चिरंजीवी बनाने के लिए आगरा-बंबई राजमार्ग पर नवलाखा के पुल पर एक विशालकाय बल्ला बनाया गया जिस पर टीम के सभी खिलाड़ियों के नाम अंकित हैं। पर वे ही वाडेकर सिर्फ 3 वर्षों में जब इंग्लैण्ड के हाथों 1974 में बुरी तरह पराजित होकर लौटे तो वे एकदम नायक से खलनायक बन गए। ऐसी परिस्थिति निर्मित हो गई कि उन्हें न चाहते हुए भी विवश होकर कप्तानी छोड़ने का निर्णय लेना पड़ा। बोर्ड उन्हें थोड़ा विश्राम देकर उनका मनोबल बढ़ा सकता था किन्तु अचानक कप्तान बदल दिए जाने का निर्णय चौंकाने वाला था। यद्यपि इसमें नया कुछ नहीं था। अक्सर जीत का श्रेय कप्तान को देना व पराजय का ठीकरा भी उसी के सिर पर फोड़ना क्रिकेट में आम परंपरा रही है। वाडेकर के साथ भी यही हुआ। उनकी स्वर्णिम सफलताएँ अचानक एक पल में भुला दी गईं और एक शर्मनाक पराजय की कालिख ने उन्हें अपराधी की श्रेणी में ला खड़ा किया।

वाडेकर भाग्यवान व सफल कप्तान तो रहे किन्तु चतुर, चालाक, रणनीतिकार, दूरदृष्टि एवं अंतर्दृष्टि वाले कप्तान के रूप में वे कभी नहीं जाने गए। उनमें क्रिकेट की वह समझ व पैंतरेबाजी कभी दिखाई नहीं दी जो टाइगर पटौदी की विशेषता हुआ करती थी। वाडेकर की सफलता में उनको मिली टीम व उसके अच्छे प्रदर्शन करने की एकजुटता, परिस्थितियों से मिले सहयोग और परिस्थिति के साथ उनके तालमेल का बड़ा हाथ रहा। चन्द्रशेखर, बेदी, प्रसन्ना व वेंकटराघवन जैसे उच्चस्तरीय स्पिन गेंदबाजों की विरासत तथा सोलकर, आबिद अली, वेंकटराघवन एवं वाडेकर के फुर्तीले नज़दीकी क्षेत्ररक्षण और गेंदबाजों को मिले सहयोग ने सफलता की राह आसान कर दी। पटौदी ने जो हथियार छोड़े थे, वाडेकर ने उन्हीं का प्रयोग करना जारी रखा। बड़ी बात यह है कि उन्होंने भी 'स्पिनर्स' पर उतना ही भरोसा किया जितना कि पटौदी करते थे।

बतौर बल्लेबाज तो वाडेकर भारतीय टीम की बल्लेबाजी के प्रमुख आधार रहे और 7 वर्ष तक तीसरे क्रम पर जाकर खेलने वाले भारत के श्रेष्ठ बल्लेबाजों में सम्मिलित रहे, साथ ही स्लिप के आदर्श क्षेत्ररक्षक के रूप में भी विख्यात रहे। किन्तु एक कप्तान के रूप में वे क्रिकेट की बारीकियों के अच्छे जानकार व अपनी समझ व हिम्मत से प्रतिस्पर्धी टीम को हतप्रभ करने वाले कप्तान नहीं रहे। फिर भी भाग्यवान व सफल कप्तान वे अवश्य रहे। इंग्लैण्ड को लगातार दो बार शृंखला में पराजित करने वाले वाडेकर ने 16 टेस्ट मैचों में भारतीय टीम की कप्तानी की जिनमें चार शृंखलाएँ सम्मिलित थीं जिनमें से भारत तीन शृंखलाएँ जीतने में सफल रहा। जब वे 1974 के इंग्लैण्ड दौरे पर टीम लेकर गए थे तो उस समय वे अपनी बल्लेबाजी व कप्तानी की कामयाबी के शिखर पर थे। लेकिन एक खराब दौरे ने उन्हें अर्श से फर्श पर लाकर छोड़ दिया।

हताश व निराश वाडेकर करीब 3 दशक तक क्रिकेट से अलग-थलग रहे। फिर वे मैनेजर के रूप में क्रिकेट से जुड़े और उनके व कप्तान अज़हरुद्दीन के बीच अच्छा तालमेल स्थापित हुआ जिसके फलस्वरूप भारतीय टीम को अनेक सफलताएँ प्राप्त हुईं। किन्तु तब भी उनसे यह शिकायत बनी रही कि वे अधिकतर टीम व खिलाड़ियों से अलग व दूर रहते हैं। तब मुंबई व हैदराबाद के खिलाड़ियों की पूछ बढ़ी तथा अन्य स्थानों के खिलाड़ियों को ऐसा लगा कि उनकी अवहेलना हो रही है। जब भी वे मीडिया के सामने आए, वे विचलित व हड़बड़ी में ही लगे। ऐसा स्पष्ट लगने लगा था कि वे आधुनिक क्रिकेट व खिलाड़ियों के जीवित सम्पर्क में नहीं हैं। उन्होंने नए खिलाड़ियों

व खेल में आए परिवर्तन को जानने-समझने का प्रयास भी नहीं किया।

एक विश्वसनीय व सफल बल्लेबाज और अच्छे परिणाम देने वाले कप्तान के रूप में वाडेकर ने जो विश्वस्तरीय ख्याति प्राप्त की वैसी ख्याति वे मैनेजर, कोच व चयनकर्ता के रूप में प्राप्त नहीं कर पाए। जब वे मुंबई रणजी टीम के चयनकर्ता थे तब मुझे वानखेड़े स्टेडियम में एक मैच देखने का अवसर मिला। मैंने देखा कि वाडेकर भी मैच देखने आए व वे आसपास बैठे पत्रकारों व संगठन के लोगों से विभिन्न स्थानों पर तैनात क्षेत्ररक्षकों के नाम पूछ रहे थे और लोग कह रहे थे कि उन्होंने ही उन्हें टीम में चुना है और वे स्वयं ही उनके बारे में पूछ रहे हैं। वास्तव में यह कितना विचित्र था! स्पष्ट है कि वे अन्य कार्यों में इतने व्यस्त थे कि उन्हें समय ही नहीं मिला कि वे उन खिलाड़ियों को ठीक से पहचान पाते जिन्हें उन्होंने स्वयं ही चुना था। यह त्रासदीपूर्ण ही था।

एक सफल व अच्छा बल्लेबाज परिणाम के लिहाज से सफल कप्तान तो हो सकता है जैसे कि वाडेकर थे पर यह आवश्यक नहीं कि एक सफल बल्लेबाज अच्छा कप्तान भी हो। वाडेकर बल्लेबाज एवं क्षेत्ररक्षक तो रहे और अच्छी टीम मिलने व माकूल परिस्थिति तथा भाग्य का साथ मिलने के कारण सफल कप्तान भी बने किन्तु वे न आदर्श कप्तान ही सिद्ध हुए और न ही आदर्श मैनेजर, कोच या चयनकर्ता ही बन पाए। शायद खेल से निवृत्त हो जाने के बाद उनके पास क्रिकेट के लिए उतना समय ही नहीं रहा जितना कि इन जवाबदारियों के लिए आवश्यक है। वे 16 टेस्ट में भारत के कप्तान रहे जिनमें से 4 टेस्ट भारत ने जीते व 4 में उसे पराजय झेलनी पड़ी जबकि 8 टेस्ट 'ड्रॉ' रहे।

सुनील गावस्कर

सुनील गावस्कर

सुनील मनोहर गावस्कर 10 जुलाई, 1949 को मुंबई में पैदा हुए और मुंबई विश्वविद्यालय से खेलने के बाद मार्च 1971 में पोर्ट आफ़ स्पेन में वेस्टइंडीज़ के विरुद्ध खेलकर उन्होंने अपने टेस्ट जीवन का आगाज़ किया। जब 1974 में वाडेकर को हटाकर 1974 की वेस्टइंडीज़ टीम के विरुद्ध पटौदी व वेंकटराघवन को कप्तान बनाया गया तभी लगा कि कप्तानों की नियुक्ति में अफरातफरी मचेगी। बार-बार कप्तान बदलने का दौर प्रारम्भ हुआ। 1976 में जब भारतीय टीम न्यूज़ीलैण्ड गई तो गावस्कर को पहली बार बेदी के साथ टीम का कप्तान बनाकर भेजा गया। यह टीम 2-0 से श्रृंखला जीत कर लौटी।

अलग-अलग श्रृंखलाओं के अलग-अलग मैचों के लिए अलग-अलग कप्तान बनाए जाने लगे। 1974 से 1983 तक के 9 वर्षों में भारतीय टीम की कप्तानी 7 खिलाड़ियों ने की और कप्तानी की धुरी अधिकतर गावस्कर, बेदी, विश्वनाथ और कपिल देव के इर्दगिर्द ही घूमती रही।

गावस्कर ने 1971 की ऐतिहासिक श्रृंखला से अपने टेस्ट जीवन का आरम्भ किया। भारत ने पहली बार वेस्टइंडीज़ जाकर श्रृंखला तो जीती ही, गावस्कर ने पूरी श्रृंखला में 774 रन बनाए और उनका औसत रहा 154.80 जो कि किसी भी भारतीय बल्लेबाज का वेस्टइंडीज़ के विरुद्ध अब तक का श्रेष्ठ बल्लेबाजी प्रदर्शन है। फिर गावस्कर ने कभी पीछे मुड़कर नहीं देखा। 5 फुट 5 इंच के छोटे कद के गावस्कर भारत ही नहीं, विश्व के श्रेष्ठ प्रारंभिक बल्लेबाजों में अग्रणी रहे। सीधे हाथ के प्रारंभिक बल्लेबाज के रूप में उन्होंने विश्व के सभी तेज़ गेंदबाजों का साहस से सामना किया। जितने अधिक तेज़ व जितने तेज़ गेंदबाजों का सामना उन्होंने किया उतना विश्व के किसी उद्घाटक बल्लेबाज ने नहीं किया। होल्डिंग, गोर्नर, रॉबर्ट्स, मार्शल, बिशप, सोबर्स, लिली, थॉम्सन, हॉग, रिचर्ड हेडली, इमरान खान, सरफराज़ नवाज़, वसीम अकरम, बॉब विलिस, इयॉन बॉथम, हैंड्रिक्स व रमेश रत्नायके जैसे खौफ़नाक तूफ़ानी गति के व धारदार गेंदबाजों का सामना करते हुए उन्होंने 125 टेस्ट की 214 पारियों में 34 शतक व 45 अर्धशतकों के साथ 10122 रन बनाए व उनका टेस्ट औसत रहा 51. 12। वे टेस्ट क्रिकेट में दस हज़ार रन पार करने वाले विश्व के पहले बल्लेबाज तो थे ही, अपने समय के सर्वाधिक टेस्ट रन व सर्वाधिक शतक बनाने वाले बल्लेबाज भी थे। जब तक वे खेले, नए कीर्तिमान बनते रहे और वे स्वयं अपना ही कीर्तिमान तोड़ते रहे। तभी तो उन्हें सुनील मनोहर रिकार्डर कहा जाता था।

तारीफ़ की बात तो यह है कि जब गावस्कर ने खेलना प्रारम्भ किया और जिन गेंदबाजों को खेलकर वे आगे बढ़े उनमें कोई भी स्तरीय तेज़ या मध्यम तेज़ गति का गेंदबाज नहीं था। उन्हें तेज़ गेंदबाजों के विरुद्ध खेलने व अभ्यास करने का कोई अवसर नहीं मिला। फिर भारतीय विकेट्स, जिन पर खेलकर वे परिपक्व हुए, भी धीमे रहे हैं। इसके बाद भी उन्होंने विश्व के सभी तेज़ गेंदबाजों का सभी तरह के विकेट्स पर डटकर सामना किया। तब वेस्टइंडीज़ के तेज़ गेंदबाजों की तूती बोलती थी और गावस्कर ने अपने अधिकांश टेस्ट शतक वेस्टइंडीज़ के विरुद्ध खेलकर ही बनाए। किन्तु एक प्रारंभिक बल्लेबाज होते हुए भी उन्होंने जिस तकनीक, कौशल, धैर्य व साहस के साथ मार्च 1987 में बेंगलूरु के 'स्पिनिंग' विकेट पर पाकिस्तान के 'स्पिनर्स' अब्दुल कादिर व इकबाल कासिम का सामना किया वह दर्शनीय था। उन्होंने अपनी उस पारी द्वारा स्पिन गेंदबाजी का सामना करने का आदर्श उदाहरण प्रस्तुत किया। उन्हें एक सफल बल्लेबाज के रूप में तो क्रिकेट जगत् के सभी जानकारों व समीक्षकों ने सराहा। विशेष बात यह है कि वे बिना हैलमेट लगाए अपनी कैप के नीचे लोहे का छोटा

कवर लगाकर खेलते थे। किन्तु उनकी तकनीक इतनी अच्छी थी व किस गेंद को खेलना व किसे छोड़ना है यह निर्णय करने का कौशल व समझ इतनी लाजवाब थी कि वे कभी घायल या चोटिल ही नहीं हुए।

ऐसा नहीं कि वे कभी असफल नहीं हुए या खराब 'फ़ॉर्म' के शिकार नहीं हुए या फिर कभी विवादों में नहीं घिरे। 1980-81 के ऑस्ट्रेलिया दौरे में गावस्कर व डेनिस लिली के बीच एक एल.बी.डब्ल्यू. के निर्णय को लेकर ऐसा तीखा विवाद उठा कि गावस्कर ने अपने साथी प्रारंभिक बल्लेबाज चेतन चौहान के साथ मैदान छोड़ने का निर्णय कर लिया। गनीमत थी कि मैनेजर बिग्रेडियर दुर्रानी ने स्थिति को समय रहते सँभाल लिया व उन दोनों के सीमा रेखा से बाहर आने के पहले ही अन्य बल्लेबाज को मैदान में भेज दिया वरना भारत ऑस्ट्रेलिया को टेस्ट दे देता यानी 'वॉकआउट' सा हो जाता व मैच 'कंसीड' कर दिया गया माना जाता।

बाद में गावस्कर ने आक्रोश में आ जाने पर खेद अवश्य प्रकट किया। इसी तरह जब 1983 में वेस्टइंडीज़ की टीम भारत के दौरे पर आई तो उस समय उसके तेज़ गेंदबाज मेल्कम मार्शल का दबदबा था। श्रृंखला के 6 टेस्ट मैचों में मार्शल ने 33 विकेट लिए। उनकी तेज़ गति की गेंदें आग उगल रही थीं। सभी भारतीय बल्लेबाज परेशान व हताश थे। ऐसा लग रहा था मानो मार्शल के सामने खड़ा होना ही कठिन हो गया हो। गावस्कर ने ऐसी विपरीत स्थिति में दिल्ली के फिरोजशाह कोटला पर खेले गए दूसरे टेस्ट में आक्रामक शैली में खेलते हुए शानदार 121 रन बनाए व मार्शल की खूब धुनाई की। उन्होंने सिद्ध किया कि चढ़कर खेलकर ही मार्शल को विचलित व नियंत्रित किया जा सकता है। इसके बाद मद्रास में खेले गए छठे व अन्तिम टेस्ट में उनकी 236 रनों की पारी भी यादगार रही। स्पष्ट है कि अन्य खिलाड़ियों की ही तरह गावस्कर भी असफलता के दौर के शिकार हुए। किन्तु एक बड़े व महान

खिलाड़ी की तरह वे उस मनहूस दौर से निकलकर बाहर आए व सफल हुए।

गावस्कर की विशेषता यह रही कि वे भारत के धीमे विकेट्स पर मध्यम गति के गेंदबाजों के विरुद्ध खेलकर तैयार हुए। उनके समय में भारत में कोई स्थायी स्तरीय मध्यम तेज़ गेंदबाज ही नहीं था। इसके बाद भी उन्होंने विश्व के तीव्रतम गति के गेंदबाजों का वेस्टइंडीज़, ऑस्ट्रेलिया व इंग्लैण्ड के तेज़ विकेट्स पर डटकर सामना किया व खूब रन भी बनाए। कारण यही था कि एक तो उनकी तकनीक निर्दोष व सुदृढ़ थी और दूसरे उनकी एकाग्रता व मानसिक सन्तुलन बहुत अच्छा था। वे अधिकतर 'बैकफुट' पर अर्थात् पीछे हटकर खेलते थे और एक 'बैकफुट प्लेयर' को 'फ्रंट फुट' प्लेयर की अपेक्षा गेंद को देखने व उसे खेलने या छोड़ देने का निर्णय लेने के लिए अधिक समय मिल जाता है। गावस्कर को भी इसका लाभ मिला किन्तु लोग कहते हैं कि पाकिस्तान में इमरान खान ने अपनी 'इन डिपर' गेंदों से उन्हें इसीलिए परेशान किया क्योंकि वे उन्हें पीछे हटकर खेलते रहे। ज्योंही उन्होंने 'फ्रंटफुट' पर, अर्थात् आगे जाकर खेलना प्रारम्भ किया, वे सफल हुए। कुछ लोगों का विचार है कि मोहिन्दर अमरनाथ ने गावस्कर से आगे बढ़कर खेलने के लिए कहा था। जो भी हो, यह भी याद रखना आवश्यक है कि तब तक गावस्कर लगभग साढ़े आठ हजार टेस्ट रन बना चुके थे और इतना अनुभवी व सफल बल्लेबाज स्वप्रेरणा से भी निर्णय ले सकने में सक्षम था।

1971 से लेकर 1987 तक के 16 वर्षों के अंतर्राष्ट्रीय खेल जीवन में गावस्कर अपने समय के श्रेष्ठ प्रारंभिक बल्लेबाज के रूप में मान्य रहे। उन्हें भारत ही नहीं, विश्व के सार्वकालिक महान प्रारंभिक बल्लेबाजों में शुमार किया जाता रहा। वे सीमित ओवर का एकदिवसीय क्रिकेट भी खेले व उन्होंने

इस शैली के खेल में 3092 रन भी बनाए व एक नाबाद शतक भी लगाया। पर उन्हें यह शैली उतनी रास नहीं आई जितनी कि टेस्ट क्रिकेट की पारंपरिक शैली। वे शुद्ध शास्त्रीय शैली के बल्लेबाज थे और उसी रूप में उन्हें चाहा व सराहा भी गया। एक सफल व आदर्श उद्‌घाटक बल्लेबाज के रूप में तो उन्हें समस्त क्रिकेट जगत् में सराहा जाता रहा पर चूँकि वे विशेषरूप से सुरक्षात्मक शैली से खेलने वाले बल्लेबाज थे अतः एक कप्तान के रूप में उन्हें आंशिक सफलता ही मिली।

1976 में पहली बार गावस्कर व बिशन सिंह बेदी को संयुक्त रूप से न्यूज़ीलैण्ड दौरे में कप्तानी करने का अवसर मिला। भारत ने यह शृंखला 2-0 से जीती। फिर गावस्कर के नेतृत्व में भारत ने ऑस्ट्रेलिया के विरुद्ध 6 टेस्ट मैचों की घरेलू शृंखला 2-0 से जीती। 1980-81 में गावस्कर की कप्तानी

में भारतीय टीम ऑस्ट्रेलिया के दौरे पर गई और 3 टेस्ट मैचों की शृंखला 1-1 से बराबर रही। पैकर सर्कस के कारण विश्व के अधिकांश खिलाड़ी टेस्ट क्रिकेट से बाहर रहे और 1978-79 में वेस्टइंडीज़ की टीम कालीचरण के नेतृत्व में भारत आई तो भारत ने गावस्कर के नेतृत्व में वह घरेलू शृंखला 1-0 से जीती जबकि शृंखला के पाँच टेस्ट 'ड्रॉ' रहे। 1981-82 में गावस्कर की कप्तानी में भारत ने फ्लेचर के नेतृत्व में भारत आई इंग्लैण्ड की टीम को 1-0 से हराया। शृंखला के 5 टेस्ट 'ड्रॉ' रहे। इसके पहले 1979-80 में गावस्कर और विश्वनाथ ने भारत आई पाकिस्तानी टीम के विरुद्ध भारतीय टीम

की कप्तानी की और भारत वह शृंखला 2-0 से जीता। 1982-83 में गावस्कर के नेतृत्व में भारतीय टीम पाकिस्तान गई किन्तु उसे वहाँ इमरान की पाक टीम ने 3-0 से पराजित किया। स्पष्ट है 1976 से लेकर 1982-83 तक भारतीय टीम की कप्तानी की धुरी बेदी, गावस्कर और विश्वनाथ के आस पास ही घूमती रही। 1980 में विश्वनाथ ने जिस तरह जुबली टेस्ट में अपनी खेल-भावना का परिचय दिया जिसके फलस्वरूप भारत को पराजित होना पड़ा उसके बाद उनके कप्तान बनने के सभी अवसर समाप्त हो गए। यह वास्तव में दु:खद था।

भारत ने 1983 का विश्वकप कपिल की कप्तानी में जीता। अत: कपिल कप्तानी के नए दावेदार के रूप में सामने आए। किन्तु 1984-85 में जब डेविड गॉवर की कप्तानी में इंग्लैण्ड की टीम भारत आई तो भारतीय टीम की बागडोर फिर से गावस्कर को दी गई। कारण यही था कि लॉयड की वेस्टइंडीज़ ने कपिल के नेतृत्व में खेली भारतीय टीम को 3-0 से करारी शिकस्त दी थी। भारत यह घरेलू शृंखला 2-1 से हारा। 1981 में गावस्कर के नेतृत्व में ही भारतीय टीम न्यूज़ीलैण्ड गई और शृंखला में 1-0 से पराजित हुई। किन्तु उस शृंखला में गावस्कर अपने प्रिय युवा खिलाड़ी रवि शास्त्री को बतौर ऑलराउंडर लेकर गए और यद्यपि शास्त्री को तब देश के बाहर क्या, देश में भी बहुत कम लोग ही जानते थे, गावस्कर ने उन्हें बाएँ हाथ के स्पिनर के रूप में अंतर्राष्ट्रीय पहचान दिलवाई। तब गावस्कर की बहुत आलोचना भी हुई थी कि वे मुंबई के अपने प्रिय युवा खिलाड़ी को आगे बढ़ा रहे हैं किन्तु शास्त्री की

सफलता से लोगों के मुँह बंद हो गए।

गावस्कर ने ऑस्ट्रेलिया में 1985 में खेली गई बेंसन एण्ड हैजेस की विश्व चैंपियनशिप में भी भारतीय टीम का नेतृत्व किया और सीमित ओवर की इस स्पर्धा में शानदार प्रदर्शन करते हुए, भारत ने न्यूज़ीलैण्ड, पाकिस्तान व ऑस्ट्रेलिया जैसी सशक्त टीमों को पराजित करने के बाद स्पर्धा के विजेता होने का सम्मान प्राप्त किया। फाइनल मुकाबले में भारत ने मेलबोर्न में पाकिस्तान को 8 विकेट से करारी शिकस्त दी। 1983 की विश्व कप विजय के बाद यह भारत की सीमित ओवर के क्रिकेट में दूसरी सबसे बड़ी विजय थी। इसी स्पर्धा में रवि शास्त्री चैंपियन आफ़ चैंपियन बने थे और उन्हें 'ऑडी' कार इनाम में मिली थी।

एक कप्तान के रूप में गावस्कर की पारी मिश्रित फलदायी रही। कभी वे सफल हुए तो कभी असफल, किन्तु उन्होंने सदैव अपने क्रिकेट ज्ञान व अपनी सूझबूझ से प्रभावित किया। 1979, 1981-82 में ऑस्ट्रेलिया, 1979-80 में पाकिस्तान, 1978-79 में वेस्टइंडीज़ व 1981 में न्यूज़ीलैण्ड के विरुद्ध विजय तथा 1985 की विश्व चैंपियनशिप में विजय जहाँ उनकी सफलता में शुमार रहे, वहीं 1982-83 में पाकिस्तान और 1984-85 में इंग्लैण्ड के विरुद्ध मिली पराजय उनकी प्रमुख असफलताएँ रहीं। वे कुछ विवादों में भी घिरे। डेनिस लिली की एक एल.बी.डब्ल्यू. अपील के विरोध में मैदान छोड़ने की कगार पर आ जाने, रवि शास्त्री को वरीयता देकर न्यूजीलैण्ड बुलाने तथा 1994-95 में दिल्ली टेस्ट के बाद कपिल देव को टीम से निकलवाने के लिए जिम्मेदार माने जाने से लेकर बोर्ड से अधिक धनराशि की माँग करने जैसे अनेक विषयों पर वे विवाद व चर्चाओं में घिरे रहे। किन्तु उन्होंने सदैव यही कहा कि वे जो कर रहे हैं, टीम व खेल की बेहतरी के लिए कर रहे हैं। एक सफल, तकनीकी रूप से निर्दोष, व आदर्श उद्घाटक बल्लेबाज के रूप में गावस्कर को समस्त क्रिकेट जगत् में सराहा गया और सभी समीक्षकों, समकालीन एवं पूर्व खिलाड़ियों ने उनकी दिल खोलकर प्रशंसा की। किन्तु उनकी कप्तानी की वैसी सराहना नहीं हुई जैसी कि उनकी बल्लेबाजी की हुई।

संयम, धैर्य, एहतियात, एकाग्रता, खतरे को टालना, स्वयं अपनी ओर से कोई पहल करने की बजाय परिस्थिति व तात्कालिक आवश्यकतानुसार निर्णय लेना उनके खेल के आवश्यक गुण रहे। ये सभी विशेषताएँ उन जैसे सुरक्षात्मक शैली से खेलने वाले बल्लेबाज के लिए तो लाभकारी रहीं किन्तु एक कप्तान के लिए बाधाकारी ही थीं। एक अच्छे कप्तान को स्वयं पहल करके अपनी टीम को लाभ की स्थिति में लाना होता है। उसे साहस के साथ कुछ प्रयोग भी करने होते हैं

व खतरा भी उठाना होता है। वह प्रतीक्षा नहीं कर सकता। उसे हिम्मत के साथ फैसले लेने होते हैं, अपने खिलाड़ियों को प्रेरित करना होता है एवं हर स्थिति से निबटने के लिए तैयार रहना होता है। पहला वार स्वयं करने की मानसिकता व हिम्मत जुटानी होती है तथा विरोधी के वार को झेलने की क्षमता व फिर पलटवार करने का हौसला रखना होता है। प्रतिस्पर्धी को ललचाने व भ्रमित करने की चालाकी व रणनीति अपनानी होती है। दबंगता से प्रतिस्पर्धी टीम पर हावी होने का प्रयास करना होता है तथा हर स्थिति से निबटने की आदत डालनी होती है। यहाँ गावस्कर सफल नहीं हो पाए। एक अच्छे कप्तान को अपने खेल के अतिरिक्त साथी खिलाड़ियों के खेल पर भी ध्यान देना चाहिए। वह स्वकेन्द्रित बना नहीं रह सकता। उस पर अपने खेल के अतिरिक्त टीम के खेल पर भी ध्यान बनाए रखने की अतिरिक्त जिम्मेदारी होती है। सभी खिलाड़ियों में यह दबाव, तनाव व जिम्मेदारी उठाने की क्षमता नहीं होती, यहाँ तक कि कुछ बड़े खिलाड़ियों में भी नहीं होती। इतिहास साक्षी है कि जिस तरह भारत के विजय हजारे भारत के सार्वकालिक महान मध्यक्रम के बल्लेबाजों में तो थे पर अच्छे कप्तान सिद्ध नहीं हुए उसी प्रकार सुनील गावस्कर भारत के ही नहीं विश्व के सार्वकालिक महान प्रारंभिक बल्लेबाजों में तो ससम्मान स्थान पाएँगे किन्तु उन्हें एक सफल व अच्छा कप्तान मानने वाले लोग कम ही होंगे। प्रत्येक व्यक्ति सभी काम नहीं कर सकता। एक कप्तान के रूप में तो गावस्कर पटौदी जैसा प्रभाव नहीं छोड़ पाए परन्तु निवृत्ति के बाद प्रोफेशनल मैनेजमैंट ग्रुप के लिए लेखों व टिप्पणियों तथा टेलीविज़न कमेंटेटर के रूप में अपनी व्याख्या, क्रिकेट ज्ञान व मैच पर गहन दृष्टि से खेल प्रेमियों को प्रभावित करते हैं।

भारत में पेशेवर क्रिकेट का प्रारम्भ गावस्कर ने ही किया। उन्होंने भारतीय क्रिकेट को अंतर्राष्ट्रीय स्तर पर सम्मान दिलाने में महत्त्वपूर्ण भूमिका निभाई। सी.के. नायडू के बाद सुनील मनोहर गावस्कर ही भारतीय क्रिकेट इतिहास के महानायक रहे। भला यह कोई कैसे भूल सकता है कि स्वाभिमान व बराबरी के अधिकार के कारण उन्होंने लॉर्ड्स की सदस्यता ठुकरा दी। सभी जानते हैं कि पूर्व टेस्ट विकेटकीपर माधव मंत्री उनके मामा हैं। अतः उन्हें क्रिकेट के प्रारंभिक संस्कार अपने मामा से मिले और बाद में मुंबई की समृद्ध क्रिकेट परंपरा ने उनके क्रिकेट ज्ञान व समझ को विकसित किया। पर सभी तो अच्छे कप्तान नहीं बन सकते, गावस्कर भी नहीं बन पाए। उनकी कप्तानी में भारत ने 47 टेस्ट खेले जिनमें से वह 9 में जीता, 8 में हारा व 30 टेस्ट 'ड्रॉ' रहे।

बिशन सिंह बेदी

बिशन सिंह बेदी

अद्भुत एवं स्वप्निल प्रदर्शनों और उपलब्धियों से भरपूर क्रिकेट जीवन जीने वाले बिशन सिंह बेदी कभी बिशन सिंह के नाम से तो कभी बी.एस. बेदी के नाम से जाने जाते थे। वे एक जीवित किंवदंती हैं। 15 वर्ष की आयु में वे उत्तरी पंजाब के लिए रणजी खेले और अगले ही वर्ष जब वे 16 वर्ष के थे तो उन्होंने 2 रणजी मैचों में 15 विकेट लेकर तहलका मचा दिया जिनमें से 11 विकेट तो दिल्ली के विरुद्ध थे जो कि उत्तर क्षेत्र की रणजी चैंपियन थी। 17 वर्ष की आयु में वे उत्तर क्षेत्र की ओर से प्रवासी एम.सी.सी. के विरुद्ध खेले व 2 विकेट लिए। उसी वर्ष उन्होंने 3 रणजी मैचों में 19 विकेट लिए और 1965 में 4 रणजी मैचों में 27 विकेट चटकाए। तब क्रिकेट समीक्षकों ने एक स्वर से स्वीकारा कि बेदी कोई सामान्य 'लेफ्टआर्म स्पिनर' न होकर बाएँ हाथ के असाधारण प्रतिभावान स्पिनर हैं। उनकी साल दर साल की प्रगति प्रमाण थी कि उनमें कुछ विशेष है।

बेदी की सफलता का सिलसिला 1965-66 के मौसम में भी जारी रहा। जब वेस्टइंडीज़ की टीम भारत आई तो बेदी को संयुक्त विश्वविद्यालय की टीम में चुना गया। बेदी खेले तो, पर उन्हें कोई सफलता नहीं मिली। एक माह पूर्व ही दलीप ट्रॉफ़ी में दक्षिण क्षेत्र के बल्लेबाजों ने उनकी गेंदों की खूब धुनाई की थी। फिरोजशाह कोटला के सपाट विकेट पर अनुभवी कुमार व प्रसन्ना के टीम में होते हुए भी बेदी ने धारदार गेंदबाजी की और 51 ओवर में 139 रन देकर 6 विकेट लिए। लोगों को संदेह था कि वे कम उम्र व अनुभव के कारण टेस्ट मैच में शायद ही सफल हों किन्तु उन्होंने अपने पहले टेस्ट के पहले ही दिन सिद्ध कर दिया कि वे अलग ही मिट्टी के बने हैं। हंट, कन्हाई, बुचर व लॉयड जैसे धाकड़ बल्लेबाज उनके सामने लड़खड़ाते दिखाई दिए। लोगों को हैरानी थी कि

मैदान के बाहर से बेहद धीमी व आसान सी लगने वाली गेंदों पर प्रतिस्पर्धी टीम के बल्लेबाज चौके व छक्के लगाने की बजाय मेमने जैसे हताश क्यों लगते हैं व जीवन व मृत्यु के बीच संघर्ष करते हुए आउट होते जाते हैं। उनके छोटे से 'रन अप', लय तथा अर्ध-गोलाकार घेरा देखकर वीनू मांकड की याद ताजा हो जाती थी।

वे अक्सर स्लिप, गली, सिली मिड ऑफ़, सिली मिड ऑन, शार्टलेग व बेकवर्ड शॉर्टलेग रखकर गेंदबाजी करते थे और इस तरह के क्षेत्ररक्षण की जमावट कोई आक्रामक गेंदबाज ही कर सकता था। वे भारत के सर्वाधिक गेंदबाजी करने वाले गेंदबाज रहे और प्रति शृंखला औसतन 20-30 विकेट लेते रहे। 1977 में ऑस्ट्रेलिया के विरुद्ध 5 टेस्ट मैचों की शृंखला में 23.87 की औसत से 31 विकेट इस लेफ्टआर्म स्पिन के जादू का नायाब प्रदर्शन था।

बेदी गेंद को बहुत ज्यादा 'स्पिन' या 'टर्न' तो नहीं कराते थे पर जब उन्हें विकेट से थोड़ी सी भी मदद मिलती थी तब वे बेहद खतरनाक गेंदबाज हो जाते थे। सच तो यह है कि विश्व के सभी तरह के विकेट्स पर, अच्छे या खराब, सहायक या बेजान, बेदी अपने समय के श्रेष्ठ लेफ्टआर्म स्पिनर थे।

ऐसा लगता था जैसे मांकड का पुनरागमन हुआ है और वे साफा या फेंटा बाँधकर गेंदबाजी कर रहे हैं।

बेदी का आत्मविश्वास कमाल का था। उन्हें अपनी गेंदबाजी क्षमता पर पूरा भरोसा था। टीम में स्थान पक्का होने के कारण ही उन्हें उनसे वरिष्ठ प्रसन्ना के होते हुए भी टीम का कप्तान बनाया गया था। इसके बाद भारत वेंकट व प्रसन्ना के बिना तो टेस्ट खेला, पर ऐसा कभी नहीं हुआ जब भारतीय टीम बेदी के बिना कोई टेस्ट खेली हो। 1968 से लेकर 1974 तक लगातार 6 वर्ष में वे 30 टेस्ट मैचों में खेले और इसके बाद अनुशासनात्मक कार्यवाही के कारण एक टेस्ट में टीम से बाहर रहे। लेकिन उन्होंने बीमारी या चोट के कारण कोई टेस्ट नहीं छोड़ा। वेस्टइंडीज़ के विरुद्ध अपनी पहली ही सफल शृंखला के बाद वे इंग्लैण्ड गए और वहाँ भी उन्हें सराहा गया। फिर जब वे ऑस्ट्रेलिया गए तो उतने सफल नहीं हुए। किन्तु न्यूज़ीलैण्ड में धीमे विकेट्स पर 4 टेस्ट मैचों में उन्होंने 16 विकेट अवश्य लिए। तत्पश्चात न्यूज़ीलैण्ड व ऑस्ट्रेलिया के विरुद्ध घरेलू शृंखलाओं में उन्होंने क्रमश: 3 टेस्ट में 15 व 5 टेस्ट में 21 विकेट लिए। इस तरह 8 टेस्ट में 36 विकेट एक बड़ी सफलता थी। ऑस्ट्रेलियाई बल्लेबाज तो स्पिन खेलने में माहिर माने जाते रहे हैं किन्तु कोई भी ऑस्ट्रेलियाई बल्लेबाज उन्हें ठीक से खेल नहीं पाया। डग वॉल्टर्स को उन्होंने 7 में से 5 बार आउट किया। बिल लॉरी व बेदी के बीच कोलकाता टेस्ट में रोचक प्रतिद्वंद्विता चली। उस पारी में बेदी ने 98 रनों पर 7 विकेट लिए।

1971 का वेस्टइंडीज़ और फिर इंग्लैण्ड का दौरा भी उनके लिए लाभकारी रहा। वेस्टइंडीज़ के विरुद्ध वहाँ उन्होंने 5 टेस्ट में 43 की औसत से 15 विकेट लिए। वहीं इंग्लैण्ड में 29 की औसत से उन्होंने 11 विकेट लिए। फिर जब इंग्लैण्ड की टीम भारत आई तो बेदी अपने श्रेष्ठ फॉर्म में थे। कप्तान वाडेकर ने उनसे 5 टेस्ट मैचों में 372.5 ओवर फिंकवाए और बेदी ने शृंखला में 25

विकेट लिए। इसी श्रृंखला में उन्होंने अपने 28वें टेस्ट में 100 विकेट पूरे किए। 1974 के त्रासदीपूर्ण दौरे में भी इंग्लैण्ड के जो 24 विकेट गिरे उनमें से 10 विकेट बेदी के थे। इंग्लैण्ड दौरे से लौटने पर उन्हें अनुशासन समिति के सामने पेश होना पड़ा और अपनी अपमानजनक टिप्पणी के कारण उन्हें एक टेस्ट से बाहर कर दिया गया। सच्चाई क्या थी आज तक सामने नहीं आई। 1975 के विश्व कप में इंग्लैण्ड के विरुद्ध टीम में उन्हें नहीं लिया गया किन्तु पूर्वी अफ्रीका व न्यूज़ीलैण्ड के विरुद्ध उनकी गेंदबाजी का विश्लेषण रहा 12-8-6-1 और 12-6-28-1।

1976-77 में बेदी को श्रीलंका के विरुद्ध 3 मैचों की श्रृंखला में कप्तान बनाया गया और भारत यह श्रृंखला 2-0 से जीता। बेदी ने 22 विकेट लिए। 1976 के न्यूज़ीलैण्ड व वेस्टइंडीज़ दौरे में बेदी की कप्तानी बरकरार रही और वे गुलाम अहमद के बाद भारत के पहले गेंदबाज कप्तान बने। न्यूज़ीलैण्ड के विरुद्ध पहले टेस्ट में तो वे नहीं खेले पर शेष दो टेस्टों में खेले जिनमें से एक भारत ने जीता व एक न्यूज़ीलैण्ड ने और श्रृंखला 1-1 से बराबर रही। वेस्टइंडीज़ में पहला टेस्ट तो भारत बुरी तरह हारा व दूसरा 'ड्रॉ' रहा। बेदी को जीत का बेसब्री से इंतजार था। तीसरे टेस्ट में वह चिरप्रतीक्षित जीत मिली और मिली भी इस अंदाज़ में कि वह स्वर्णिम, ऐतिहासिक व अविस्मरणीय बन गई। भारत आखिरी पारी खेलते हुए व 400 से अधिक का लक्ष्य पार करते हुए 4 विकेट पर 406 रन बनाकर 6 विकेट से जीता। यह भारतीय टीम की सबसे बड़ी सफलता

थी। परन्तु क्रिकेट पंडितों ने बेदी की कप्तानी की कड़ी आलोचना की। कहा गया कि उनकी क्षेत्ररक्षण की जमावट त्रुटिपूर्ण थी, उन्होंने गेंदबाजी का परिवर्तन ठीक से नहीं किया और स्वयं आवश्यकता से अधिक गेंदबाज़ी की। पर

भारतीय टीम पूरी तरह बेदी के साथ एकजुट होकर खड़ी रही। वह निजी रूप से भी सफल रहे व भारत के सर्वाधिक टेस्ट विकेट लेने वाले गेंदबाज बन गए। न्यूज़ीलैण्ड के विरुद्ध घरेलू श्रृंखला में उन्होंने अपना सर्वाधिक स्कोर 36 भी बनाया व 13 की औसत से 22 विकेट लिए।

अगले ही वर्ष ऑस्ट्रेलिया के विरुद्ध उनका प्रदर्शन लाजवाब रहा। उनके पहले लेफ्टआर्म स्पिनर ऑस्ट्रेलिया के विरुद्ध कम ही चल पाते थे। वेरिटी, वेलेंटाइन व मांकड को भी वहाँ के सख्त विकेट रास नहीं आए थे। इंग्लैण्ड के विरुद्ध 19 टेस्ट में 78, न्यूज़ीलैण्ड के विरुद्ध 12 टेस्ट में 57, ऑस्ट्रेलिया के विरुद्ध 12 टेस्ट में 56 व वेस्टइंडीज़ के विरुद्ध 18 टेस्ट में 62 विकेट लेकर बेदी सभी प्रमुख क्रिकेट राष्ट्रों के विरुद्ध 50 से अधिक विकेट लेने वाले विश्व के पहले गेंदबाज बने। 1978 के पाकिस्तान दौरे में भी बेदी ही भारत के कप्तान थे। दौरे के पहले से ही कहा जा रहा था कि पाकिस्तान का दौरा बेदी के लिए बतौर कप्तान व बतौर स्पिनर दोनों ही दृष्टि से महत्त्वपूर्ण होगा लेकिन जब उनकी टीम पहले दो टेस्ट हार गई तो उनकी कप्तानी पर प्रश्न उठाये जाने लगे। कुछ लोगों की राय थी कि दोनों ही टेस्ट चतुराईपूर्ण कप्तानी व रक्षात्मक क्षेत्ररक्षण की जमावट द्वारा बचाए जा सकते थे। पाक दौरे में उनकी गेंदबाजी की खूब धुनाई हुई और 75 की औसत से उन्हें सिर्फ 6 विकेट मिले। जैसी कि उम्मीद थी, दौरे के बाद बेदी को हटाकर गावस्कर को कप्तान बना दिया गया।

किसी गेंदबाज को कप्तान बनाया जाना बहुत जोखिम भरा होता है क्योंकि या तो वह बहुत कम गेंदबाजी करता है या आवश्यकता से अधिक गेंदबाजी करता है। औचित्यपूर्ण सन्तुलन कम ही कप्तान रख पाते हैं। ऑफ़ स्पिनर गुलाम अहमद के बाद बेदी, बेदी के बाद वेंकटराघवन और वेंकट के बाद कपिल देव ही ऐसे गेंदबाज हैं जिन्हें भारतीय टीम की कप्तानी सौंपी गई। करीब 58 वर्षों के टेस्ट इतिहास में केवल चार गेंदबाजों को कप्तानी की कमान सौंपा जाना इस बात का प्रमाण है कि भारतीय चयनकर्ता बल्लेबाज कप्तान को गेंदबाज कप्तान से अधिक उपयोगी मानते रहे हैं। पाकिस्तान में भी फ़ज़ल महमूद, इंतिखाब आलम, मुश्ताक मोहम्मद व इमरान खान और इंग्लैण्ड में अण्डरवुड तथा ऑस्ट्रेलिया में रिची बेनो ही प्रमुख गेंदबाज कप्तान रहे हैं। सच तो यह है कि 1976 में वेस्टइंडीज़ में 2-1 से व इंग्लैण्ड में 1977-78 में 3-2 से करीबी मुकाबले में पराजित होकर भी बेदी की कप्तानी में भारतीय टीम ने अच्छा संघर्ष किया था। लेकिन 1978 में पाक में मिली पराजय बेदी के लिए जानलेवा सिद्ध हुई।

इसके बाद वेस्टइंडीज़ के विरुद्ध घरेलू श्रृंखला के पहले व दूसरे टेस्ट में तो

बेदी को खिलाया गया किन्तु तीसरे में उन्हें बाहर कर दिया गया। 12 वर्षों में यह पहला अवसर था जब बेदी को टेस्ट टीम से बाहर किया गया था। तभी लगने लगा था कि कप्तानी से हटाए जाने के बाद अब उन्हें टीम से भी कभी भी हटा दिया जाएगा। इंग्लैण्ड दौरे पर उन्हें नहीं खिलाया गया। किन्तु जब उनके स्थान पर टीम में लिए गए युवा स्पिनर सफल नहीं हुए तो बेदी को फिर से टीम में लेना पड़ा। किन्तु 1979 का ओवल टेस्ट उनका अन्तिम टेस्ट साबित हुआ। 1966-67 से लेकर 1979 तक 13 वर्षों के लंबे खेल जीवन में बेदी ने 67 टेस्ट खेलकर 21364 गेंदें फेंकी व 7637 रन देकर 28.71 की औसत से 266 विकेट लिए। उन्होंने 1 बार 10 तथा 14 बार पारी में 5 विकेट लिए। एकदिवसीय क्रिकेट में वे सफल नहीं हुए व 10 मैचों में 48.57 की औसत से उन्हें 7 विकेट ही मिले। उनके समय में एकदिवसीय क्रिकेट अपनी प्रारंभिक अवस्था में था। 1975 के विश्व कप के दो मैचों में उनकी गेंदबाजी का विश्लेषण आश्चर्यजनक रहा। पूर्वी अफ्रीका के विरुद्ध उनका विश्लेषण 12-8-6-1 और न्यूज़ीलैण्ड के विरुद्ध 12-6-23-1 था।

बेदी ने 22 टेस्टों में भारत की कप्तानी की जिनमें से भारत 6 में जीता, 11 में हारा व 5 'ड्रॉ' रहे। यक़ीनन यह प्रदर्शन संतोषप्रद नहीं है पर उन परिस्थितियों में भी वेस्टइंडीज़ व ऑस्ट्रेलिया जैसी ताकतवर टीमों के विरुद्ध बेदी की टीम ने कुछ गौरव करने योग्य क्षण तो दिए ही।

बेदी ने सदैव कप्तान व खिलाड़ी के रूप में ईमानदारी से अपना शत प्रतिशत योगदान दिया, किन्तु अपने मुँहफट स्वभाव व बेबाक टिप्पणियों के कारण सदैव विवादास्पद बने रहे। वे तल्ख टिप्पणी तब भी करते थे, अब भी कर देते हैं। उनका जैसा स्वभाव पहले था वैसा ही आज भी है। वे मुरलीधरन को 'चकर' कहते हैं व उसकी गेंदबाजी को भाला फेंकना मानते हैं तथा उनके अनुसार मुरली के सभी विकेट रन आउट की श्रेणी में आते हैं।

बेदी मानते हैं कि स्पिन के लिए धैर्य, संयम, एकाग्रता और नियंत्रण की आवश्यकता होती है। अधिक स्पिन कराने की बजाय स्पिन पर नियंत्रण तथा लंबाई व दिशा की सटीकता अधिक लाभकारी है। वे मानते हैं कि स्पिन गेंदबाजी की ताकत को टाइगर पटौदी ने ही पहचाना व विश्व स्तर पर स्थापित भी किया, अन्यथा तेज़ गेंदबाजी का ही बोलबाला था। बेदी के अनुसार स्पिन के विकास में ही भारतीय क्रिकेट का भविष्य निहित है, स्पिन ने ही अतीत में सफलताएँ दिलाई हैं और स्पिन ही भविष्य में भी कामयाबी दिलवाएगी।

सामान्य से हटकर, कुछ अलग तरह से सोचने व खेलने वाले कप्तान व खिलाड़ी के रूप में बिशन सिंह बेदी का अपना महत्त्वपूर्ण स्थान है।

कपिल देव

कपिल देव

कपिल देव रामलाल निखंज 6 जनवरी, 1959 को चंडीगढ़ में लाला परिवार में पैदा हुए थे। उन्हें क्रिकेट की दुनिया में सिर्फ कपिल देव के नाम से जाना जाता है। पिता का लकड़ी का व्यवसाय था, अतः घर में खेलकूद का कोई वातावरण नहीं था। यदि वे भी क्रिकेट खेलकर इतने बड़े खिलाड़ी न हुए होते तो लकड़ी की टाल पर ही बैठे होते। शुक्र है ऐसा नहीं हुआ और कपिल के रूप में भारत को एक अन्तर्राष्ट्रीय स्तर का ऑलराउण्डर व सुपर सितारा खिलाड़ी मिला।

कपिल भारतीय क्रिकेट में एक ताज़ा हवा के झोंके की तरह आए। लंबे अर्से से एक स्तरीय तेज़ गेंदबाज की खोज की जा रही थी। आवश्यकता एक ऐसे गेंदबाज की थी जिसमें पर्याप्त पैनापन भी हो व तेज़ी भी और जो लंबे समय तक गेंदबाजी कर सकता हो। कपिल के पहले कई गेंदबाज आए पर वे तेज़ हवा के झोंके की तरह गायब भी हो गए। कपिल के आने से यह शिकायत दूर हो गई कि भारत में धीमे 'विकेट्स'

पर तेज़ गति के गेंदबाज तैयार ही नहीं होते। कपिल के पहले 1932 से लेकर 1978 तक 46 वर्षों के खेल समय में करसन घावरी को छोड़कर मध्यम या मध्यम तेज़ गति के किसी भी भारतीय गेंदबाज के नाम पर 100 टेस्ट विकेट नहीं थे। और घावरी भी शुद्ध मध्यम तेज़ गति के गेंदबाज कहाँ थे? वे बाएँ हाथ से स्पिन गेंदबाजी भी करते थे। इतिहास साक्षी है कि मोहम्मद निसार व अमरसिंह के बाद भारत को स्तरीय तेज़ गेंदबाज ही नहीं मिले जो कि नई गेंद से गेंदबाजी करने की जिम्मेदारी सँभाल सकें। बीच में ऐसा समय भी आया जब विजय हजारे, पॉली उमरीगर ही नहीं, मंसूर अली खान पटौदी को भी नई गेंद की चमक खत्म या कम करने के लिए नई गेंद से गेंदबाजी करनी पड़ी।

कपिल भारत के पहले ऐसे खिलाड़ी थे जो स्तरीय मध्यम तेज़ गति से धारदार गेंदबाजी भी करते थे और मध्यक्रम पर जाकर धमाकेदार बल्लेबाजी भी। सीधे हाथ से मध्यम तेज़ गति की गेंदबाजी और सीधे हाथ से ही मध्यक्रम पर जाकर आक्रामक बल्लेबाजी के उनके कौशल ने उन्हें एक अच्छे विश्वस्तरीय 'ऑलराउंडर' के रूप में स्थापित किया। वे भारत के सार्वकालिक श्रेष्ठ तेज़ व मध्यम गति के गेंदबाज-ऑलराउंडर हैं। हम भाग्यवान हैं कि कपिल, बॉथम, इमरान व हेडली को एक साथ अन्तर्राष्ट्रीय स्तर पर प्रतिस्पर्धा करते हुए देखा। वे एकमात्र ऐसे ऑल राउण्डर हैं जिसके नाम पर पाँच हजार से अधिक टेस्ट रन व चार सौ से अधिक टेस्ट विकेट हैं और यह अनोखा विश्व कीर्तिमान शायद ही कभी टूट पाएगा।

कपिल एक नैसर्गिक, जन्मजात एवं सहज प्रतिभा संपन्न खिलाड़ी थे। वे मैदान पर जो भी करते थे, ऐसी सहजता व आसानी से करते थे कि लगता था मानो कुछ हुआ ही नहीं। फिर वह कैच लेना हो या गेंद को रोकना,

बल्लेबाजी करते समय 'स्ट्रोक' लगाना हो या फिर गेंदबाजी करना। उनका क्रिकेट खेलने का तरीका ही ऐसा था कि अधिकतर वे परिस्थिति का ध्यान नहीं रख पाते थे। यह सब खेलते-खेलते स्वयं हो जाता था। कभी 'बाउंड्री' लगाते थे तो कभी वे आउट भी हो जाते थे, कभी विकेट लेते थे तो कभी 'बाउंड्री' लग जाती थी। लोगों ने उन्हें उनके इसी सहज भाव से स्वीकार किया व सराहा तथा उन्हें अपना 'हीरो' माना।

उनके पिता का परिवार विभाजन के बाद पाकिस्तान के रावलपिंडी से भारत आकर चंडीगढ़ में बस गया। वरना वे इमरान के साथ पाकिस्तानी गेंदबाजी का आरम्भ कर रहे होते। उनके परिवार में खेल का कोई वातावरण ही नहीं था। क्रिकेट खेलना उनके लिए आनन्द प्राप्ति का साधन रहा, आजीविका का नहीं। कपिल ने हरियाणा के लिए खेलने की शुरुआत की। 1975-76 में वे अपने जीवन का प्रथम रणजी मैच खेले। तीन वर्ष तक रणजी खेलने के बाद 1978 में उन्हें पाकिस्तान जाने वाली भारतीय टीम में चुना गया। लेकिन उनकी टेस्ट शुरुआत साधारण ही रही। पाक दौरे में उनका प्रदर्शन कुछ विशेष नहीं रहा। जब वे अपना प्रथम रणजी मैच खेले तो सिर्फ 16 साल के थे और जब अपना पहला टेस्ट खेले तब उनकी आयु 19 वर्ष थी। विश्वनाथ, मोहिन्दर अमरनाथ व सुनील गावस्कर जैसे विख्यात व वरिष्ठ खिलाड़ी तब टीम में थे। पर धीरे-धीरे कपिल भी बड़े मैचों की अहमियत को समझते गए व अनुभव के साथ उन्होंने आवश्यक मानसिकता भी विकसित कर ली। अन्यथा तब कहा जा रहा था कि मदनलाल कपिल देव से अधिक प्रतिभावान हैं व उन्हें व्यर्थ ही महत्त्व दिया जा रहा है। ऐसा सोचने व कहने वाले कितने गलत थे यह कपिल ने अगले तीन वर्षों के प्रदर्शन से सिद्ध कर दिया।

अपना पहला टेस्ट खेलने के पाँच वर्षों बाद ही कपिल को भारतीय टीम का कप्तान बनाया गया और उन्हीं की कप्तानी में भारत ने इंग्लैण्ड के लॉर्ड्स मैदान पर वेस्टइंडीज़ जैसी शक्तिशाली टीम को पराजित कर प्रूडेंशियल विश्व कप जीता। वेस्टइंडीज़ पिछले दो विश्व कपों की विजेता थी और तीसरी बार विश्व कप जीतने की तैयारी से आई थी। इसी विश्व कप में कपिल ने जिम्बाब्वे के विरुद्ध कठिन, चुनौतीपूर्ण व विपरीत परिस्थिति में अविस्मरणीय कप्तानी पारी खेली। ऐसी स्थिति में जब सिर्फ 17 रनों पर भारत के 5 प्रमुख बल्लेबाज आउट हो गए थे व हार का खतरा मँडरा रहा था तथा एक के बाद एक विकेट गिरते जा रहे थे, कपिल ने नाबाद 175 रनों की ऐतिहासिक पारी खेलकर भारत को मैच में विजय दिलाई। उनके आलोचक उनकी बल्लेबाजी की क्षमता पर

संदेह करते थे पर कपिल ने सिद्ध कर दिया कि किस प्रकार वे लहरों के विपरीत नाव खेकर उसे तूफान से पार करवाकर किनारे पर ला सकते हैं। 1983 में विश्व कप की इस अद्‌भुत पारी के अतिरिक्त 1985 के पोर्ट ऑफ़ स्पेन टेस्ट में वेस्टइंडीज़ के विरुद्ध 100 रनों की पारी व इसके बाद 1990 में इंग्लैण्ड के विरुद्ध ओवल टेस्ट में 110 रनों की पारी के बाद सभी मानने लगे कि उनमें बल्लेबाजी करने की क्षमता भी है अन्यथा एक समय ऐसा भी था जब विदेशों से खेलते हुए उनकी बल्लेबाजी का टेस्ट औसत 13 से भी कम था। किन्तु इंग्लैण्ड के क्रिकेट पंडितों की उन सभी आलोचनाओं को कपिल ने इंग्लैण्ड के विरुद्ध इंग्लैण्ड में ही अच्छी बल्लेबाजी करके खारिज कर दिया जो उनकी बल्लेबाजी पर प्रश्न खड़े करती थीं। 131 टेस्ट की 184 पारियों में 8 शतकों व 27 अर्धशतकों के साथ 5249 रन भला किसे प्रभावित नहीं करेंगे? यही नहीं उन्होंने तब इंग्लैण्ड के श्रेष्ठ ऑलराउंडर इयान बॉथम के साथ बल्लेबाजी में बराबरी की प्रतिस्पर्धा की। इंग्लैण्ड के विरुद्ध टेस्ट शृंखला में उनके 41, 89, 65 व 97 के स्कोर उनकी कामयाबी की कहानी कहने के लिए पर्याप्त हैं। प्रत्येक पारी में कपिल को विषम परिस्थिति का सामना करना पड़ा। लॉर्ड्स टेस्ट में बॉथम व विलिस की तेज़ गेंदबाजी के सामने जब भारत के 5 प्रमुख बल्लेबाज सिर्फ 46 रनों पर आउट हो गए थे तब कपिल ने 89 बहुमूल्य रनों की पारी खेली। फिर चार ओवर में इंग्लैण्ड के पहले तीन विकेट लेकर अपनी धारदार मध्यम तेज़ गेंदबाजी का अच्छा नमूना पेश किया। ओल्ड ट्रेफर्ड पर खेले गए दूसरे टेस्ट में भारतीय टीम फॉलोऑन के खतरे में थी तब कपिल ने सिर्फ 33 गेंदों में अर्धशतक बनाया। ओवल टेस्ट में भी उन्होंने 92 गेंदों में 97 रन बनाए। यह विश्वास कर पाना कठिन था कि क्या ये वही कपिल हैं जिन्होंने ऑस्ट्रेलिया व न्यूज़ीलैण्ड दौरे में 11 पारियों में सिर्फ 82 रन बनाए

थे। कपिल के साथ समस्या यही थी कि वे अपनी बल्लेबाजी की गाड़ी चौथे गियर से ही 'स्टार्ट' करते थे व पहले गियर से स्टार्ट करने में विश्वास ही नहीं करते थे। उनकी ऑलराउंड प्रतिभा के कारण ही उन्हें नॉटिंघमशायर व वुरसेस्टरशायर ने काउंटी क्रिकेट खेलने के लिए अनुबंधित किया था।

यह सच है कि उन्हें अपने तीन समकालीन आलराउण्डरों की अपेक्षा अधिक परिश्रम करना पड़ा। उन्हें अपना अधिकांश क्रिकेट भारत के धीमे व बेजान विकेट्स पर खेलना पड़ा। उनका अन्तर्राष्ट्रीय क्रिकेट जीवन 16 वर्षों का तथा प्रथम श्रेणी क्रिकेट जीवन 19 वर्षों का रहा। सिर्फ सवा साल के आरम्भिक क्रिकेट जीवन में 25 टेस्ट मैचों में गेंदबाजी की शुरुआत करनी पड़ी। उनसे अधिक गेंदबाजी भी करवाई जाती रही क्योंकि वही भारत के एकमात्र 'शॉक' व 'स्ट्राइक' गेंदबाज थे। इस दुर्लभ अवसर का उन्होंने पूरा लाभ उठाया और शीघ्र ही अपने 100 टेस्ट विकेट पूरे कर लिए। यदि उनकी आयु को अधिकृत व वास्तविक माना जाए तो कहा जा सकता है कि वह 1000 रन व 100 विकेट का टेस्ट डबल पूरा करने वाले सबसे कम आयु के ऑलराउंडर हैं। रिचर्ड हेडली के 431 टेस्ट विकेट का विश्व कीर्तिमान तोड़कर कपिल ही 434 विकेट

लेकर विश्व में सर्वाधिक विकेट लेने वाले गेंदबाज बने हालाँकि हेडली की बराबरी ही करने के लिए उन्हें हेडली से 45 टेस्ट अधिक खेलने पड़े व 27740 गेंदें फेंकनी पड़ीं जो कि हेडली से 6722 गेंदें अधिक थी। यही नहीं, 431 विकेट पूरे कर हेडली की बराबरी कर लेने के बाद उनसे 3 विकेट अधिक

लेने के लिए उन्हें 235 गेंदें फेंकनी पड़ीं। क्या यह प्रदर्शन उन जैसे चैंपियन खिलाड़ी के लिए गौरवपूर्ण माना जाएगा? क्या उन्हें अधिक गेंद फेंककर हेडली की बराबरी करने व उनसे आगे निकलने का अवसर नहीं दिया गया? कपिल गावस्कर के बाद भारतीय क्रिकेट के दूसरे महानायक थे और उनका इस तरह रेंगते हुए विश्व कीर्तिमान बनाना उनके चाहने वालों को भी रास नहीं आया। पहले समय की बात होती तो कुछ लोग ही सच्चाई जान पाते लेकिन सीधे टेलीविजन प्रसारण के इस युग में तो सभी ने देखा कि किस तरह कप्तान अज़हरुद्दीन ने अहमदाबाद टेस्ट में अनिल कुंबले से स्टंप के बाहर गेंद फेंकने के लिए कहा ताकि हेडली के 431 विकेट से 1 विकेट दूर कपिल वह विकेट लेकर हेडली की बराबरी कर लें। संभवत: अज़हर चाहते थे कि विश्व कीर्तिमान की बराबरी कर व फिर नया कीर्तिमान बनाकर कपिल खेल से संन्यास लेने का निर्णय करें ताकि वे सहजता से व बिना किसी दबाव के कप्तानी कर सकें। उन्हें कपिल की उपस्थिति से परेशानी हो रही होगी। जो भी हो, यह सच है कि उनके खेल जीवन के अन्तिम दो–ढाई वर्षों को छोड़ दिया जाए जब उन्होंने स्वयं अपने ही द्वारा स्थापित अच्छे मानक से निम्नतर प्रदर्शन किया तो कपिल के खेल जीवन में बहुत कुछ अद्‌भुत व प्रेरणास्पद था।

जब तक वे सक्रिय रहे, मैदान पर उनकी उपस्थिति भारत के क्रिकेट प्रेमियों को प्रेरित व आन्दोलित करती रही। उनकी हर 'बाउंड्री' पर हमारा दिल उछलता व आउट होने पर बैठता रहा; उनके विकेट लेने पर हमने उठकर स्वागत किया व उनकी गेंद पिटने पर

हाथ माथे पर रखने को विवश हुए। हजारों युवाओं के वे 'रोल मॉडल' रहे। उन्होंने कपिल को अपना आदर्श माना। उनके व भारतीय क्रिकेट प्रेमियों के बीच ऐसी गहरी आत्मीयता रही कि उनकी हर खुशी को लोगों ने अपनी खुशी और उनकी हर असफलता को लोगों ने अपना ग़म व असफलता माना। लोगों को ऐसा लगता था कि कपिल ने नहीं स्वयं उन्होंने चौका या छक्का मारा है या विकेट लिया है। उनके करिश्मों से पत्र-पत्रिकाएँ भरी रहती थीं। आज विश्व में 500 से अधिक विकेट लेने वाले 5 गेंदबाज हैं और उनमें से दो के तो 700 से अधिक विकेट हैं। लेकिन जब कपिल निवृत्त हुए तो 400 से अधिक टेस्ट विकेट लेने वाले वे और हेडली सिर्फ दो ही गेंदबाज थे। कभी सर्वाधिक टेस्ट विकेट का कीर्तिमान कपिल के नाम था, फिर वाल्श के नाम हुआ, उनके बाद शेन वॉर्न के नाम और अब यह मुरलीधरन के नाम है। समय के साथ नए कीर्तिमान बनते हैं, पुराने टूटते हैं। इसी में खेल की प्रगति निहित है।

वीनू मांकड के बाद कपिल ही भारत के विश्वस्तरीय ऑलराउंडर थे। पर मांकड स्पिनर ऑलराउंडर थे जबकि कपिल मध्यम तेज़ गेंदबाज ऑलराउंडर। यह सत्य है कि इमरान व हेडली के श्रेष्ठ फॉर्म में कपिल उन जैसे गेंदबाज नहीं थे और बॉथम भी जब अपने श्रेष्ठ फॉर्म में होते थे तो कपिल से बेहतर नहीं तो उनकी बराबरी की गेंदबाजी तो कर ही लेते थे। पर यह भी सत्य है कि अपनी बल्लेबाजी की पूरी रंगत में कपिल इमरान व हेडली से बेहतर व बॉथम की बराबरी की बल्लेबाजी तो करते ही थे। आज विश्व में 5 हजार से अधिक टेस्ट रन व 400 से अधिक टेस्ट विकेट लेने वाले कपिल एकमात्र ऑलराउंडर हैं और यह ऐसा दुर्लभ व चमत्कारिक कीर्तिमान है जिसके निकट भविष्य में टूटने की कोई संभावना ही नहीं है। वास्तव में कपिल जैसे ऑलराउंडर सदियों में पैदा होते हैं।

ऐसा भी हुआ जब इंग्लैण्ड के विरुद्ध दिल्ली टेस्ट में कपिल व संदीप पाटिल दोनों को लिफ्ट करके आउट होने के कारण कोलकाता टेस्ट से बाहर कर दिया गया। फिर हेडली की बराबरी व उनके अधिक विकेट लेने का विषय भी विवादास्पद रहा। जब 2000 में मैच फिक्सिंग की हवा चली और मनोज प्रभाकर, अज़हरुद्दीन, नयन मोंगिया, अजय जडेजा के साथ-साथ कपिल का भी नाम आया तो अपनी सफाई देते समय बी.बी.सी. के लिए करण थापर द्वारा लिये गए साक्षात्कार में कपिल बच्चों की तरह फफक कर रोए जो कि उन जैसे जाँबाज व चैंपियन खिलाड़ी के लिए शर्मनाक था। जब उन्हें विस्डन द्वारा सदी का श्रेष्ठ खिलाड़ी घोषित किया गया तो उनकी बिगड़ी साख कुछ सुधरी

तो अवश्य, पर जो बिगाड़ हो गया उसकी पूर्ति होना असम्भव है। 1985 के बाद खिलाड़ियों को पैसा बटोरने का चस्का लगा। कपिल भी उसी मुहिम में जुट गए। भारतीय क्रिकेट एकेडमी के प्रमुख रहते हुए उन्होंने 20-20 की सुभाष चन्द्रा की इंडियन क्रिकेट लीग का संचालन किया। इसके फलस्वरूप वे एकेडमी के प्रमुख पद से हटाए गए। कहाँ तो उनकी एक दबंग हीरो जैसी छवि थी और इन गतिविधियों ने उन्हें लोगों की दृष्टि में गिराया ही।

उनकी कप्तानी की बात करें तो कपिल के नेतृत्व में भारत ने 1983 का विश्व कप जीता जो कि भारत की अब तक की सबसे बड़ी उपलब्धि थी। यही नहीं उनका निजी प्रदर्शन भी लाजवाब रहा जैसे कि जिम्बाब्वे के विरुद्ध विपरीत परिस्थिति में बनाया गया शतक। लेकिन 1983 में ही जब कपिल की ही कप्तानी में भारतीय टीम वेस्टइंडीज़ गई तो विश्व कप के तुरन्त बाद वेस्टइंडीज़ ने भारत को 2-0 से हराया। फिर जब वेस्टइंडीज़ ने भारत की यात्रा की तो घरेलू शृंखला में भी कपिल की भारतीय टीम को 3-0 से पराजित होना पड़ा। ऐसा लगा मानो लॉयड की वेस्टइंडीज़ टीम भारत से विश्व कप की हार का बदला ले रही हो। फिर 1985 में श्रीलंका के विरुद्ध भी भारत को 1-0 से पराजित होना पड़ा और तब भी भारत के कप्तान कपिल ही थे। 1985-86 में ऑस्ट्रेलिया के विरुद्ध भी कपिल ही भारत के कप्तान थे और शृंखला के 3 टेस्ट तो 'ड्रॉ' रहे व 1 'टाई' हुआ। 1986 का इंग्लैण्ड दौरा कपिल के लिए अवश्य भाग्यशाली रहा, और इस दौरे में भारत ने इंग्लैण्ड को 2-0 से पराजित किया। 1983 की विश्व कप विजय के बाद कपिल की कप्तान के रूप में यह दूसरी बड़ी सफलता थी। लेकिन 1987 में जब इमरान के नेतृत्व में पाकिस्तानी टीम भारत आई तो कपिल की भारतीय टीम को घरेलू शृंखला में 1-0 से पराजित होना पड़ा। पाकिस्तान से पराजित होने का भावनात्मक महत्त्व इतना अधिक हुआ कि लोग उनकी नेतृत्व-क्षमता पर ही प्रश्न करने लगे। उन पर यह आरोप भी लगा कि उन्होंने अपने साथी तेज़ गेंदबाजों को कभी प्रोत्साहित नहीं किया जबकि होना तो यह चाहिए था कि वे अपने किसी सक्षम जोड़ीदार को प्रोत्साहन देते ताकि वे अधिक प्रभावशाली गेंदबाजी कर सकें।

कपिल के नेतृत्व में भारत ने विश्व कप तो जीता लेकिन उसके बाद वे सिर्फ इंग्लैण्ड की 1985-86 यात्रा में ही उल्लेखनीय सफलता दिला पाए। सीमित ओवर की स्पर्धा में तो ऐसे उपयोगी खिलाड़ियों का प्रदर्शन अधिक महत्त्वपूर्ण होता है जो थोड़ी बल्लेबाजी व थोड़ी गेंदबाजी भी कर लें अर्थात्

आवश्यकता पड़ने पर उपयोगी रन बनाने की क्षमता रखने वाले व पूरे नहीं तो अपने 'कोटे' के कुछ ओवर फेंककर रन रोक लेने की क्षमता रखने वाले गेंदबाज अधिक उपयोगी हो जाते हैं। भारतीय टीम में तब मदनलाल, मोहिन्दर अमरनाथ, रोजर बिन्नी जैसे खिलाड़ी थे जो यह भूमिका बखूबी निभाते थे लेकिन टेस्ट क्रिकेट के लिए कपिल को कभी ऐसी संतुलित टीम ही नहीं मिली जिसमें विशेषज्ञ बल्लेबाज, विशेषज्ञ तेज़ या मध्यम गति के तथा स्पिन गेंदबाज हों और जिनका क्षेत्ररक्षण भी उच्चकोटि का हो। दिलीप वेंगसरकर, शिवलाल यादव, राजू, अय्यूब में चन्द्रा, बेदी, प्रसन्ना, वेंकट व दुर्रानी जैसी घातक व धारदार स्पिन नहीं थी। विश्वनाथ, गावस्कर, वेंगसरकर व मोहिन्दर अमरनाथ जैसे उच्चस्तरीय बल्लेबाज तथा सैय्यद किरमानी जैसे श्रेष्ठ विकेटकीपर का

सहयोग उन्हें अवश्य मिला।

कपिल एक आक्रामक खिलाड़ी, विश्वस्तरीय ऑलराउंडर और सफल कप्तान तो रहे पर जो चढ़कर खेलने की प्रवृत्ति उनके खेल में झलकती थी और जिस तरह वे प्रतिस्पर्धी खिलाड़ी को दबोच लेने के प्रति आतुर रहते थे वह आक्रामकता उनकी कप्तानी में दिखाई नहीं दी। वे स्वयं तो अच्छा खेल सकते थे पर मानते थे कि उनकी टीम के खिलाड़ियों को भी स्वत: ऐसा करना चाहिए। कप्तान को उन्हें यह बताने की आवश्यकता नहीं पड़नी चाहिए कि उन्हें कब क्या करना है। इसके अतिरिक्त विरोधी टीम की कमजोरियों को भाँपकर उनका पूरा लाभ उठाने की जो समझ टाइगर पटौदी में थी वह कपिल

में नहीं थी। व्यवहार में शालीनता व पॉलिश का मुलम्मा उनके व्यक्तित्व की विशेषता कभी नहीं रही। उनके व्यवहार में अक्खड़पन तथा देहाती सादगी ही झलकती रही। उन्हें इसका खामियाज़ा भी उठाना पड़ा और एक कप्तान के रूप में उन्हें गलत भी समझा गया। एक बार जब वे कप्तान व दिलीप सरदेसाई टीम के मैनेजर थे तो सरदेसाई चाहते थे कि पूरी भारतीय टीम ब्लेज़र पहनकर राष्ट्रपति से मिले। इस पर कपिल ने तुनक कर उनसे पूछ लिया कि वे कितने टेस्ट मैच खेले हैं। यह बिल्कुल गलत, अनावश्यक व अनपेक्षित था। अपने से वरिष्ठ खिलाड़ियों का सम्मान व खेल की ऐतिहासिक प्रगति की जानकारी यदि कप्तान के लिए आवश्यक नहीं लाभकारी तो होती ही है। उनकी तब बहुत तीखी आलोचना हुई थी।

गावस्कर की देखा-देखी उन्होंने 'देव फीचर' नामक कंपनी भी बनाई तथा टेलिविज़न पर मैच की टिप्पणी भी की पर वे सफल नहीं हुए और न ही विज्ञापन में चल पाए। सभी लोग सभी कुछ तो नहीं कर सकते तभी तो योजना, रणनीति और पूर्वानुमान जैसे अकादमिक शब्द उनके जीवन के शब्दकोश में नहीं थे। उनकी आश्चर्यजनक 'आउट स्विंग' गेंदबाजी, बल्ले से ताकतवर प्रहार करने की क्षमता व सफल कप्तानी, सभी उनके व्यवहार में शालीनता की चाशनी न होने से छिप से गए।

कपिल 34 टेस्ट में भारत के कप्तान रहे। उनकी कप्तानी में भारत ने 4 टेस्ट जीते और 7 हारे जबकि 22 टेस्ट 'ड्रॉ' रहे।

मोहम्मद अज़हरुद्दीन

मोहम्मद अज़हरुद्दीन

मोहम्मद अज़हरुद्दीन का जन्म 8 फरवरी, 1963 को हैदराबाद के एक बिल्कुल साधारण एवं परंपरावादी मुस्लिम परिवार में हुआ था। उनका बचपन तंगहाली, संघर्ष व अभाव में बीता। एक टूटी साइकिल पर वे मीलों दूर क्रिकेट खेलने जाते थे। घरवालों ने उन्हें रोका नहीं यही उनका सबसे बड़ा प्रोत्साहन था। अज़हर में प्रतिभा तो थी ही, वे परिश्रमी भी बहुत थे। अतः स्कूली दिनों से ही लोग उनके खेल से प्रभावित थे। पुराने खिलाड़ी व प्रशिक्षक आईबेरा के मार्गदर्शन में अज़हर एक सम्पूर्ण तथा कलात्मक बल्लेबाज के रूप में विकसित हुए।

18 की उम्र में वे अपना पहला रणजी मैच खेले। यह उनके प्रथम श्रेणी क्रिकेट का प्रारम्भ था। तीन वर्ष तक हैदराबाद के लिए प्रथम श्रेणी क्रिकेट खेलकर एक कलात्मक एवं आकर्षक बल्लेबाज के रूप में निखरने वाले अज़हर शीघ्र ही चर्चित होने लगे। 40 के दशक में मुश्ताक अली व 70-80 के दशक में गुंडप्पा विश्वनाथ अपनी कलात्मक बल्लेबाजी के लिए विख्यात

रहे थे। अज़हर भी उन्हीं की तरह कलाइयों के इशारे से कदमों के पास से जिस तरह 'फ्लिक' करते थे वह अंदाज़ बेहद आकर्षक होता था। 1984 में जब इंग्लैण्ड के विरुद्ध खेली जा रही शृंखला के दौरान कपिल व संदीप पाटिल को भारतीय टीम से निकाला गया तो एक मध्यक्रम के विश्वस्तरीय बल्लेबाज के रूप में अज़हर को टीम में स्थान मिला और कोलकाता टेस्ट से उन्होंने जो शानदार शुरुआत की वह इतिहास बन गई। उन्होंने अपने शुरुआती टेस्ट में शतक तो बनाया ही मगर कोलकाता में 110 रनों की पारी के बाद मद्रास में 115 तथा फिर कानपुर में 123 रन बनाए। इस तरह अपने पहले 3 टेस्ट मैचों में शतक लगाकर उन्होंने अभूतपूर्व प्रदर्शन किया। न तो उनके पहले और न ही उनके बाद में ऐसा दुर्लभ प्रदर्शन देखने को मिला। अतः उन्हें 'वंडरबॉय' अर्थात् अनोखा जादुई बालक कहा जाने लगा। वे रातोंरात मशहूर हो गए। ऐसी धमाकेदार शुरुआत अंतर्राष्ट्रीय स्तर पर किसी भी खिलाड़ी को नसीब नहीं हुई।

इतनी शानदार शुरुआत करने वाले अज़हर ने फिर पीछे मुड़कर नहीं देखा।

उनकी सफलता का 'ग्राफ' ऊँचा होता गया। 1987 में पाकिस्तान की टीम भारत आई। अज़हर ने कोलकाता टेस्ट में 141 व जयपुर टेस्ट में 110 रन बनाए। 1989 में जब भारतीय टीम पाकिस्तान गई तो अज़हर ने फैसलाबाद टेस्ट में 109 रन बनाए। अपने 15 वर्ष के टेस्ट जीवन में अज़हर ने 99 टेस्ट की 147 पारियों में 45.03 की औसत से 6215 रन बनाए जिनमें 22 शतक और 21 अर्धशतक थे। सीधे हाथ के बल्लेबाज अज़हर ने अपने 22 टेस्ट शतकों में से 6 शतक इंग्लैण्ड के विरुद्ध, पाँच श्रीलंका के, चार दक्षिण अफ्रीका के, तीन पाकिस्तान के और 2-2 ऑस्ट्रेलिया व न्यूज़ीलैण्ड के विरुद्ध खेलकर बनाए; पर वेस्टइंडीज़ के विरुद्ध उनका एक भी शतक नहीं है। अर्थात् ज़िम्बाब्वे व

वेस्टइंडीज़ को छोड़कर सभी टेस्ट देशों के विरुद्ध उन्होंने शतक बनाए। जैसा कि आप जानते ही हैं कि बांग्लादेश को टेस्ट दर्जा मिलने के पहले जून 2000 में अज़हर मैच फिक्सिंग के आरोप में घिरकर टीम से बाहर हो गए।

अज़हर को खेलते हुए देखना बेहद मनोहारी व आकर्षक होता था। वे हल्के से कलाइयों को मोड़कर ऐसी सहजता से गेंद को 'ऑन साइड' पर 'फ़्लिक' करते थे कि देखने वाले खुश हो जाते थे। उन्हें कभी ताकत लगाने की आवश्यकता ही नहीं पड़ती थी। इशारे से गेंद सीमा रेखा के पार हो जाया करती थी। 1990 में इंग्लैण्ड के विरुद्ध उन्होंने लॉर्ड्स टेस्ट में जो 121 रन बनाए थे वे लॉर्ड्स पर खेली गई अब तक की सर्वाधिक अविस्मरणीय व आकर्षक पारियों में गिने जाते हैं। उनके ऑन साइड के खेल में लोगों को जहीर अब्बास व ग्रेग चैपल के खेल की छवि दिखाई देती थी। जिस खूबसूरत शैली से वे खेलते थे वह बल्लेबाजी से कहीं ज़्यादा जादुई करिश्मा नज़र आती थी। भारतीय उपमहाद्वीप के धीमे विकेट पर तो वे विशेष रूप से सफल हुए लेकिन तेज़ व ऊपर उठती हुई गेंदें उन्हें परेशान करती थीं। यह कमजोरी अंत तक बनी रही। हालाँकि वे सदैव ऐसी गेंदों के प्रतिकार के लिए आक्रामक खेल खेलकर बाउंड्री लगाने की कोशिश करते थे पर कई बार उन्हें अपनी टीम की परिस्थिति को अनदेखा करना पड़ता था व अपना विकेट भी गंवाना पड़ता था। बाद के वर्षों में कलाई के संकेत से ही वे सुंदर 'स्टीयर' भी करने लगे थे। कलाइयों का जितना अच्छा उपयोग अज़हर करते थे वैसा उनका समकालीन कोई अन्य बल्लेबाज नहीं करता था। बाद में वी.वी.एस. लक्ष्मण के खेल में भी नज़ाकत व नफ़ासत नज़र आई और अज़हर की ही तरह चूँकि लक्ष्मण भी हैदराबाद के ही हैं तो उनके खेल में भी अज़हर की झलक देखने को मिली। ऊपर उठती हुई गेंदों को खेलने की कमजोरी के कारण ही वे वेस्टइंडीज़ के विरुद्ध शतक नहीं लगा पाए। पर 1990 में लॉर्ड्स पर 121 व ओल्ड ट्रफर्ड पर 179 तथा 1991 में एडिलेड पर 106 रनों की पारी, 1990 में ऑकलैंण्ड पर 193 तथा 1998-99 में वेलिंगटन पर 103 रनों की पारियाँ यह सिद्ध करती हैं कि वे तेज़ व उछाल वाले विकेट पर भी रन बना सकते थे।

अज़हर एक लाजवाब क्षेत्ररक्षक थे। 'स्लिप' जैसा नजदीकी क्षेत्ररक्षण हो या 'कवर पॉइंट' जैसा महत्त्वपूर्ण क्षेत्र, वे सदैव चौकन्ने बने रहते थे। उनके पास से खेलना खतरे से खाली नहीं होता था एवं अच्छे व सुरक्षित क्षेत्ररक्षण वाली उनकी छवि आरम्भ से अंत तक बनी रही। उनके खाते में टेस्ट क्रिकेट में 106 कैच तथा एकदिवसीय क्रिकेट में 156 कैच दर्ज हैं। एकदिवसीय

क्रिकेट में भी अज़हर 9376 रन बनाकर एक सफल बल्लेबाज रहे और 36.92 का औसत तथा 7 शतक व 58 अर्धशतक उनकी सफलता की कहानी स्वयं बताते हैं।

कपिल के कप्तानी से हटने के बाद 87-88 में दिलीप वेंगसरकर व रवि शास्त्री ने वेस्टइंडीज़ के विरुद्ध भारतीय टीम की कप्तानी की और 1989 में न्यूज़ीलैण्ड के विरुद्ध भी वेंगसरकर ही भारतीय टीम के कप्तान रहे। इसके बाद 1989 में जब भारतीय टीम वेस्टइंडीज़ गई तो भी वेंगसरकर ही कप्तान थे। इस दौरान कपिल देव एक खिलाड़ी की तरह टीम में थे। 1990 में जब अज़हरुद्दीन भारत के कप्तान बने तब भी कपिल टीम में थे और 1994 तक खेलते रहे। अज़हर ने 1990 से लेकर 1999 तक भारतीय टीम की कप्तानी की। इन 9 वर्षों में भारत ने इंग्लैण्ड, ऑस्ट्रेलिया, वेस्टइंडीज़, पाकिस्तान, न्यूज़ीलैण्ड, श्रीलंका व दक्षिण अफ्रीका के विरुद्ध टेस्ट व एक दिवसीय शृंखलाएँ खेलीं तथा 1996 व 1999 के विश्व कप में भी भाग लिया।

कपिल के बाद वेंगसरकर लगभग 2 वर्षों तक भारत के कप्तान रहे और वेंगसरकर के बाद 1990 से अज़हर ने भारतीय टीम की कप्तानी की कमान सँभाल ली। 1990 में इंग्लैण्ड के विरुद्ध इंग्लैण्ड में ही अज़हर की कप्तानी में भारतीय टीम 1-0 से पराजित हुई। फिर 1990-91 में अज़हर की टीम ने श्रीलंका को घरेलू शृंखला में 1-0 से पराजित किया। 1991-92 में अज़हर

के नेतृत्व में ही भारत ने ऑस्ट्रेलिया का दौरा किया। इस श्रृंखला में भारतीय टीम 4–0 से हारी। 1992 के ठीक पहले खेली गई इस श्रृंखला में भारतीय टीम के दयनीय प्रदर्शन की तीखी आलोचना हुई। 1992–93 में दक्षिण अफ्रीकी दौरे पर भी अज़हर की भारतीय टीम को 1–0 से पराजित होना पड़ा। 1992–93 में जिम्बाब्वे जाकर भारत ने एक टेस्ट खेला और वह 'ड्रॉ' रहा। 1992–93 में ही जिम्बाब्वे की टीम भारत के दौरे पर आई और उसे अज़हर की टीम ने 1–0 से हराया। 1993 में अज़हर की कप्तानी में भारत ने इंग्लैण्ड को 3–0 से पराजित किया और 1994 में वेस्टइंडीज़ से घरेलू श्रृंखला में 1–1 से बराबरी की। 1994 में ही भारत ने अज़हर की कप्तानी में श्रीलंका को 3–0 से हराया। इसी साल अज़हर भारतीय टीम को लेकर न्यूज़ीलैण्ड गए और उस दौरे में खेला गया एकमात्र टेस्ट 'ड्रॉ' रहा। 1995–96 में न्यूज़ीलैण्ड की टीम भारत आई और इस बार भारत ने उसे 1–0 से पराजित किया। 1996 में भारतीय टीम इंग्लैण्ड के दौरे पर गई और इस बार इंग्लैण्ड ने श्रृंखला 1–0 से जीती। 1996 में ही वेस्टइंडीज़ के दौरे पर गई भारतीय टीम अज़हर की कप्तानी में श्रृंखला 1–0 से हार कर लौटी। 1996, 97 व 99 में तेंदुलकर ने ऑस्ट्रेलिया, दक्षिण अफ्रीका, न्यूज़ीलैण्ड व वेस्टइंडीज़ के विरुद्ध कप्तानी की किन्तु 1998 में पुनः अज़हर ही कप्तान बने और उन्होंने प्रवासी ऑस्ट्रेलियाई टीम से श्रृंखला 2–1 से जीती। 1998–99 में अज़हर की ही कप्तानी में भारत ने न्यूज़ीलैण्ड का दौरा किया किन्तु श्रृंखला में 1–0 से शिकस्त पाई। 1999 में पाकिस्तानी टीम भारत आई और अज़हर की कप्तानी में खेली गई यह श्रृंखला 1–1 से बराबर रही। इस बीच अज़हर की ही कप्तानी में भारतीय टीम 1992, 1996 व 1999 के विश्व कप में खेली किन्तु उसे कोई विशेष सफलता नहीं मिली।

अज़हर ने 9 वर्षों तक भारतीय टीम का नेतृत्व किया और 1999 के विश्व कप के बाद मैच फिक्सिंग को लेकर मचे कोहराम के कारण उन्हें हटाया गया वरना वे कप्तान बने रहते। किन्तु इस लंबी अवधि में उन्होंने न तो तीन में से एक भी विश्व कप जीता और न ही 1971 की जैसी श्रृंखलाएँ ही जीतीं। उनकी सबसे बड़ी सफलता यही रही कि उन्होंने श्रीलंका के विरुद्ध 3, न्यूज़ीलैण्ड, इंग्लैण्ड, ऑस्ट्रेलिया व ज़िम्बाब्वे के विरुद्ध 1-1 श्रृंखलाएँ जीतीं।

अज़हर को इस दौरान टीम तो अच्छी ही मिली। एक ओर कपिल देव व जवागल श्रीनाथ जैसे मध्यम तेज़ गति के गेंदबाज थे तो दूसरी ओर नरेन्द्र हीरवानी, वेंकटपति राजू, अरशद अय्यूब व अनिल कुंबले जैसे स्पिन गेंदबाज तथा तेंदुलकर, गांगुली, द्रविड़, खुद अज़हर व जडेजा जैसे बल्लेबाज और रवि

शास्त्री व मनोज प्रभाकर जैसे ऑलराउण्डर व नयन मोंगिया जैसा विकेटकीपर मिला। एक संतुलित व सुगठित टीम की कप्तानी करने का मौका मिलने के बावजूद उनका प्रदर्शन उतना अच्छा नहीं रह पाया जितना कि होना चाहिए था।

इस दौरान अज़हर के कतिपय निर्णयों की आलोचना भी हुई और वे विवादों में भी रहे। मसलन उन्होंने सदैव अपने हैदराबाद के साथी खिलाड़ी लेफ्टआर्म स्पिनर वेंकटपति राजू को टीम में लेने तथा उनसे अधिकाधिक गेंदबाजी करवाने पर बल दिया। राजू के अतिरिक्त वे ऑफ़ स्पिनर अरशद अय्यूब को भी तरज़ीह देते रहे क्योंकि अय्यूब भी हैदराबाद के ही थे। श्रीलंका,

इंग्लैण्ड व दक्षिण अफ्रीका ही नहीं वेस्टइंडीज़ व ऑस्ट्रेलिया के विरुद्ध भी उनकी यही नीति रही। इस दृष्टि से मध्यप्रदेश के सीधे हाथ के कलाई मोड़कर लेगस्पिन कराने वाले नरेन्द्र हीरवानी की लगातार उपेक्षा हुई। उन्हें या तो खिलाया नहीं गया और खिलाया भी गया तो उनसे पर्याप्त गेंदबाजी ही नहीं करवाई गई। 1992 के ऑस्ट्रेलिया दौरे में जब भारत, ऑस्ट्रेलिया व वेस्टइंडीज़ के बीच त्रिकोणीय एकदिवसीय स्पर्धा खेली गई तो कहा जाता है कि वेस्टइंडीज़ के विरुद्ध एक मैच में पहले अज़हर व हीरवानी के बीच जमकर कहासुनी हुई और हीरवानी ने कहा कि वे मैच जिताकर दिखा देंगे। हीरवानी को खिलाया तो गया और उन्होंने लारा व रिचर्डसन के महत्त्वपूर्ण विकेट भी लिए; किन्तु इसके बाद उन्हें भारत वापस भेज दिया गया जो कि सरासर अन्यायपूर्ण था। इसी तरह 1997-98 में श्रीलंका के विरुद्ध मोहाली टेस्ट में अज़हर ने हीरवानी से गेंदबाजी ही नहीं करवाई। 1990 के इंग्लैण्ड दौरे में वे लंबे समय तक हीरवानी से 'राउण्ड द विकेट' गेंदबाजी करवाते रहे जो कि अनुचित था क्योंकि ऐसे में एल.बी.डब्ल्यू. तो उन्हें मिल ही नहीं सकता था। 1999 से ही मैच फिक्सिंग की चर्चा गरम थी और हैंसी क्रोनिए के साथ अज़हर का नाम

भी सुर्खियों में आया। उन्हें भारतीय टीम से बाहर होना पड़ा व बदनामी भी झेलनी पड़ी। इसके अतिरिक्त मॉडल व अभिनेत्री संगीता बिजलानी से अफ़ेयर व बाद में शादी ने भी उन्हें लोगों की नज़रों में गिराया। वे अपनी पहली पत्नी व बच्चों को छोड़कर बिजलानी के साथ रहने लगे। माँग तो यहाँ तक उठी कि अज़हर का सम्पूर्ण रिकॉर्ड, रिकार्ड बुक से बाहर कर दिया जाए पर ऐसा कुछ नहीं हुआ अन्यथा वह तो अन्यायपूर्ण ही होता। आप बी.ए. में नकल करने वाले की हायर सेकेन्ड्री की परीक्षा निरस्त कैसे कर सकते हैं?

अज़हर का दुर्भाग्य यही रहा कि आरम्भिक दौरे में तो वे खुलकर कप्तानी नहीं कर पाए क्योंकि कपिल जैसे वरिष्ठ खिलाड़ी की चमक में वे दबे-दबे रहे और उन्हें कपिल को न सिर्फ़ सहन करना पड़ा बल्कि उनके कीर्तिमान में मदद भी करनी पड़ी और अपनी कप्तानी के उत्तरार्ध में अनेक विवादों व मैच फ़िक्सिंग के आरोप के कारण उन्हें काफी बदनामी झेलनी पड़ी। कप्तान के रूप में जितने विवादास्पद अज़हर रहे उतना कोई भारतीय कप्तान नहीं रहा। अज़हर के समय में ही एकदिवसीय क्रिकेट का चलन अचानक बढ़ा और शारजाह के 2000 के कोकाकोला कप के बाद तो अज़हर और ज्यादा विवादास्पद हो गए। इतने अच्छे, आधुनिक एवं कलात्मक बल्लेबाज एवं कवर पॉइंट तथा स्लिप के बेहतरीन क्षेत्ररक्षक का इस तरह बदनाम होकर असमय अन्तर्राष्ट्रीय क्रिकेट से बाहर हो जाना त्रासदीपूर्ण था।

अज़हर ने 47 टेस्ट में भारत की कप्तानी की जिनमें से भारतीय टीम 14 जीती व 14 हारी जबकि 19 टेस्ट 'ड्रॉ' रहे। 14 टेस्ट विजय गांगुली की 21 टेस्ट विजय के बाद जीतों की सूची में भारतीय टेस्ट इतिहास में कप्तानों की दूसरी बड़ी जीत है।

सौरभ गांगुली

सौरभ गांगुली

सन् 2000 में मैच फिक्सिंग की अफरातफरी ने समूचे क्रिकेट जगत् में तहलका मचा दिया। भारत भी इससे अछूता नहीं रहा। अज़हर को कप्तानी से हटा दिया गया। ऐसा लगा कि मानो क्रिकेट की दुनिया में भूचाल आ गया हो और भारत में ऐसा सोचने वालों की कमी नहीं थी कि इस बदनामी के बाद क्रिकेट की लोकप्रियता का ग्राफ नीचे गिरेगा। सबसे पहली आवश्यकता तो अज़हर के स्थान पर कप्तान चुनने की थी। फिर अज़हर, मोंगिया, जडेजा व प्रभाकर के स्थान पर नए काबिल खिलाड़ियों को खोजना भी कठिन कार्य था। तेंदुलकर कप्तानी नहीं करना चाहते थे। ऐसी चुनौती व संकट की घड़ी में सौरभ गांगुली ने भारतीय टीम की कप्तानी की जिम्मेदारी बखूबी निभाई। खेल पर बदनामी का साया, जमी-जमाई व स्थापित टीम के अनुभवी कप्तान के स्थान पर बिल्कुल नए कप्तान की नियुक्ति तथा कुछ स्तरीय खिलाड़ियों के स्थान पर नए खिलाड़ियों को ढूँढकर उन्हें टीम का हिस्सा बनाना था जो कि कठिन कार्य था। गांगुली ने इस कठिन दौर में कामयाब, आक्रामक, स्वाभिमानी व अपने खिलाड़ियों को प्रेरित करने वाले कप्तान तथा उन्हें पूरा समर्थन देने वाले साथी का काम बखूबी किया।

क्रिकेट करीब सवा चार सौ साल से खेला जा रहा है और उसने इस दौरान अनेक संकटों को पार किया है फिर भले ही वह 'बॉडी लाइन' शृंखला रही हो या कैरी पैकर की सुपर क्रिकेट शृंखला। अत: आशा थी कि यह गौरवशाली खेल मैच फिक्सिंग से भी उबरेगा और यही हुआ। भारत में लोगों ने देखा कि सारे विवादों के बाद भी सन् 2000 में जिम्बाब्वे जैसी टीम के विरुद्ध भी एकदिवसीय क्रिकेट शृंखला के सभी स्टेडियम दर्शकों से भरे रहे और गांगुली ने भी अज़हर के स्थान पर नए कप्तान की जिम्मेदारी बखूबी निभाई।

8 जुलाई, 1973 को कोलकाता के व्यापारिक परिवार में पैदा हुए सौरभ गांगुली को उनके पिता चंडीदास गांगुली ही नहीं करीबी मित्र भी महाराज कहकर बुलाते हैं। शायद यह संबोधन उनके रईसी स्वभाव के कारण दिया जाता है जिसमें यथासंभव निरर्थक शारीरिक श्रम से बचने की प्रवृत्ति प्रमुख है। उन्हें 'प्रिंस ऑफ़ कोलकाता' तथा 'टाइगर ऑफ़ बंगाल' भी कहा जाता है। 1988–89 में 15 वर्ष से कम आयु के लड़कों के लिए इंदौर के नेहरू स्टेडियम में क्रिकेट कंट्रोल बोर्ड के शिविर में गांगुली ने सचिन के साथ ही भाग लिया था। उसी वर्ष उन्हें एशिया यूथ क्लब के लिए भारत की जूनियर टीम में स्थान मिला। 1989–90 में वे अपना पहला रणजी ट्रॉफ़ी मैच खेले। बाएँ हाथ के मध्यक्रम के आकर्षक बल्लेबाज और सीधे हाथ के मध्यम गति के गेंदबाज के रूप में उन्हें दिल्ली के विरुद्ध फाइनल मैच में खिलाया गया और उनकी आक्रामक खेल शैली ने सभी को प्रभावित किया। तभी कहा जाने लगा कि गांगुली एक बाएँ हाथ के बल्लेबाज के रूप में शीघ्र ही भारतीय टीम में होंगे।

लेकिन उन्हें 1992 तक प्रतीक्षा करनी पड़ी। 1992 में ब्रिसबेन में वेस्टइंडीज़ के विरुद्ध त्रिकोणीय एकदिवसीय स्पर्धा में खेलकर उन्होंने अपने एकदिवसीय खेल जीवन का आरम्भ तो किया किन्तु 1996 तक पूरे चार साल तक उन्हें भारतीय टेस्ट टीम में जगह पाने के लिए प्रतीक्षा करनी पड़ी। विशेष बात तो यह है कि 1996 में क्रिकेट का मक्का माने जाने वाले लॉर्ड्स टेस्ट में खेलकर ही गांगुली ने अपने टेस्ट जीवन का आरम्भ किया और अपने पदार्पण टेस्ट में ही शतक ठोककर उन्होंने पूरे क्रिकेट जगत् का ध्यान अपनी ओर आकर्षित किया। लॉर्ड्स टेस्ट में 131 रन बनाने के बाद टेंटब्रिज टेस्ट में भी उन्होंने 136 रन बनाए। तब लोगों को लगा कि 4 साल तक उनकी उपेक्षा की जाती रही जिसके फलस्वरूप भारतीय क्रिकेट का बहुत नुकसान हुआ। 1990 में लॉर्ड्स पर अज़हर ने शतक बनाया था। उनके बाद लॉर्ड्स पर शतक बनाने वाले गांगुली दूसरे भारतीय बल्लेबाज थे। तीसरे टेस्ट में भी वे अच्छा खेल रहे थे व ऐसा लग रहा था कि वे अज़हर की तरह लगातार तीसरा टेस्ट शतक लगाएँगे। लेकिन वे 48 बनाकर आउट हो गए। 1993–94 में कोलकाता में ईडन गार्डन पर उन्होंने असम के विरुद्ध मैच की दोनों पारियों में शतक बनाया। 1994–95 में बिहार के विरुद्ध रणजी ट्रॉफ़ी में 200 नाबाद रन बनाए। यह तथ्य भी महत्त्वपूर्ण है कि सचिन तेंदुलकर व सौरभ गांगुली हमउम्र ही हैं और दोनों ने अपना पहला रणजी मैच 1988–89 में खेला। पर सचिन को तो टेस्ट खेलने का अवसर 1989–90 में पाकिस्तान दौरे में मिल गया किन्तु गांगुली को 6 वर्षों तक प्रतीक्षा करने के बाद 1996 में टेस्ट खेलने का अवसर मिल पाया।

एकदिवसीय क्रिकेट में गांगुली ने सचिन के साथ पारी की शुरुआत करते हुए अनेक बड़ी भागीदारियाँ की हैं। सचिन के अतिरिक्त द्रविड़ व गांगुली ही ऐसे भारतीय बल्लेबाज हैं जिनके नाम पर 10 हजार से अधिक एकदिवसीय रन हैं। लगभग 7 हजार टेस्ट रन व 15 टेस्ट शतक और एकदिवसीय क्रिकेट में 11 हजार से अधिक रन व 22 शतक लगाने वाले गांगुली का ऑस्ट्रेलिया, वेस्टइंडीज़, पाकिस्तान तथा दक्षिण अफ्रीका के विरुद्ध एक भी टेस्ट शतक नहीं है। इसी तरह एकदिवसीय क्रिकेट में भी ऑस्ट्रेलिया, वेस्टइंडीज़ व इंग्लैण्ड के विरुद्ध उनका एक भी शतक नहीं है।

एक बार टीम में स्थापित हो जाने, जम जाने तथा अन्तर्राष्ट्रीय ख्याति प्राप्त कर लेने के बाद गांगुली ने कभी पीछे मुड़कर नहीं देखा। एक बल्लेबाज के रूप में वे विश्व के सर्वाधिक आकर्षक बल्लेबाजों में गिने जाने लगे

लेकिन जहाँ वे ऑफ़ स्टम्प के बाहर की गेंदों को 'कट' व 'स्टीयर' करके रन बनाने के लिए प्रसिद्ध थे वहीं ऊपर उठती हुई गेंदों को न खेल पाने की कमजोरी के लिए भी बदनाम रहे। अन्तर्राष्ट्रीय स्तर पर यदि किसी बल्लेबाज की कमजोरी पकड़ में आ जाए तो प्रतिस्पर्धी टीमें उसे खेलने नहीं देतीं। कमर के ऊपर उठती गेंदें गांगुली की कमजोरी बन गईं। वेस्टइंडीज़, दक्षिण अफ्रीका, ऑस्ट्रेलिया व इंग्लैण्ड ही नहीं, अन्य देशों के गेंदबाज भी उन्हें इसी तरह आउट करने लगे। स्लिप और प्वाइंट के बीच कैच देकर या फिर ऑन साइड पर कैच देकर आउट होना उनकी नियति बन गई। एलन डोनाल्ड, मैग्रा, वसीम अकरम, शोएब अख्तर अक्सर उनका शिकार करते रहे। फुटवर्क में दोष आ गया, अतः स्पिन गेंदबाज भी उन्हें परेशान करने लगे।

अच्छे एथलीट तो वे कभी थे ही नहीं, अक्सर बल्लेबाजी करते हुए या तो स्वयं रन आउट हो जाना या अपने साथी को रन आउट करवा देना उनकी विकेट के बीच खराब दौड़ की कहानी कहने के लिए पर्याप्त है। क्षेत्ररक्षण करते समय नीचे न झुकना भी उनकी आदत में शुमार रहा। पिछले तीन वर्षों में, विशेषकर 2004-05 से इन समस्याओं में और बढ़ोतरी हुई जिसके फलस्वरूप उनकी कप्तानी ही नहीं, टीम में उनका स्थान भी अनिश्चित हो गया। 2000 में बांग्लादेश और 2000 में ही ज़िम्बाब्वे के विरुद्ध भारत की कप्तानी करते हुए गांगुली ने 1-0 से बांग्लादेश को तथा 1-0 से ही ज़िम्बाब्वे को हराया। फिर 2000-01 में ऑस्ट्रेलिया के विरुद्ध 2-1 से घरेलू शृंखला जीती जो कि एक बड़ी उपलब्धि थी। तब ऑस्ट्रेलिया टीम के कप्तान थे स्टीव वॉ जो कि उस समय विश्व के श्रेष्ठ कप्तान माने जाते थे तथा विश्व के अग्रणी बल्लेबाजों में उनकी गिनती होती थी। उनका रुख बेहद आक्रामक था। गांगुली ने उनकी तुलना में नए एवं कम अनुभवी कप्तान होने के बाद भी उनसे बराबरी के साथ प्रतिस्पर्धा की। वे न तो कभी दबे और न ही डरे। वॉ की सभी मनोवैज्ञानिक रणनीतियों का उन्होंने साहसिक प्रतिकार किया। भारत की यह एक बड़ी उपलब्धि थी। उन्हें कप्तानी करते हुए देखकर बरबस 70 के दशक में टाइगर पटौदी के स्वाभिमान की याद ताज़ा हो आती थी।

2001-02 में भारत में भारत ने इंग्लैण्ड को 1-0 से हराया किन्तु 2001-02 में ही वेस्टइंडीज़ में 2-1 से पराजित होना पड़ा। 2001-02 में ही उन्होंने श्रीलंका में श्रीलंका के विरुद्ध शृंखला 2-1 से खोई और 2001-02 में ही दक्षिण अफ्रीका से 1-1 से बराबरी की। 2001-02 में ही जिम्बाब्वे को

घरेलू शृंखला में 2-0 से पराजित किया और इसी वर्ष जिम्बाब्वे में जाकर शृंखला में 1-1 से बराबरी की। 2002 में वेस्टइंडीज़ को घरेलू शृंखला में 2-1 से पराजित किया और 2002-03 में इंग्लैण्ड जाकर शृंखला 1-1 से बराबर की। 2001-02 में गांगुली के नेतृत्व में भारत ने 6 शृंखलाएँ खेलीं और उनमें से 2 जीतीं, 2 में बराबरी की और 2 में उसे पराजित होना पड़ा। 2002-03 में न्यूज़ीलैंण्ड के दौरे पर न्यूज़ीलैण्ड के हाथों 2-0 से पराजित होना उनकी कप्तानी के दयनीय प्रदर्शनों में प्रमुख रहा।

इस बीच जब जॉन राइट का प्रशिक्षक के तौर पर अनुबंध समाप्त हुआ और उनके स्थान पर ग्रेग चैपल नए प्रशिक्षक बने तभी गांगुली की मुसीबतों का दौर आरम्भ हुआ। ग्रेग चैपल कठोर और अनुशासनप्रिय व्यक्ति थे। गांगुली तब इतने आश्वस्त हो चुके थे कि उन्हें अपने निजी प्रदर्शन के गिरते स्तर का भी भान नहीं रहा। बल्लेबाजी में तो वे खराब दौर से गुजर ही रहे थे, उन्होंने टीम में खेमेबंदी को भी बढ़ावा देना आरम्भ कर दिया। यहाँ तक कि वे मध्यक्रम के प्रमुख बल्लेबाजों का आत्मविश्वास भी खंडित करने लगे ताकि स्वयं उनका दबदबा बना रहे। आयु बढ़ने के साथ उनकी 'फिटनेस' की समस्या भी बढ़ ही रही थी अत: उन्हें अक्सर मैचों से बाहर बैठना पड़ता था। उनके रवैये से सभी नाखुश थे। अपने खेल की कमजोरियाँ दूर करने के स्थान पर वे मध्यक्रम के बल्लेबाजों को असुरक्षित अनुभव कराने लगे ताकि उनकी अपनी जगह पक्की रहे। अभी तक उनकी 2003 की सफलता को देखते हुए उन्हें सहन किया जा रहा था। आप को याद ही होगा कि उन्हीं के नेतृत्व में भारतीय टीम दक्षिण अफ्रीका में खेले गए

विश्व कप के फाइनल में पहुँची थी पर फाइनल में ऑस्ट्रेलिया से हार गई। 1983 की ऐतिहासिक विश्व कप विजय के बाद यह भारतीय टीम का एकदिवसीय स्पर्धा में श्रेष्ठ प्रदर्शन था। फिर 2003-04 में पाकिस्तान जाकर पाकिस्तान को हराना भी एक बड़ी सफलता थी। 2003 के ऑस्ट्रेलियाई दौरे में भी गांगुली के नेतृत्व में भारत ने शानदार प्रदर्शन किया था। पर अब निश्चित हो गया था कि गांगुली का नेतृत्व-काल अब समाप्त हो गया है।

बल्कि यह भी लगने लगा था कि उनका एक सदस्य के रूप में भी टीम में बने रहना कठिन होगा व लगातार अच्छे मैदानी प्रदर्शन से ही उनकी टीम में जगह पक्की होगी। 2005 में अहमदाबाद टेस्ट से बाहर होने के बाद 2006 में पाक के विरुद्ध भी वे सफल नहीं रहे किन्तु 2006 में दक्षिण अफ्रीका के विरुद्ध पहले टेस्ट में उन्होंने 51 रन बनाए। 2007 में तो उन्होंने 61.44 की औसत से 1106 रन बनाए किन्तु 2008 में वे 9 मैचों में 26.68 की औसत से 439 रन ही बना पाए।

भले ही गांगुली ने कुल चार वर्ष ही कप्तानी की किन्तु उनकी उपलब्धि बड़ी रही। अज़हर की ही तरह उन्हें भी दिन प्रतिदिन बढ़ती जा रही मैच संख्या का लाभ मिला। लगातार लंबे समय तक कप्तानी करने का लाभ उन्हें भले न मिला हो पर टेस्ट व एकदिवसीय मैचों में सभी क्रिकेट देशों के विरुद्ध कप्तानी करने का लाभ तो मिला ही। उन्हीं के समय में युवराज सिंह, कैफ़, सुरेश रैना, आशीष नेहरा, सहवाग, हरभजन, बालाजी, श्रीसंत व महेन्द्र सिंह

धोनी जैसे नए व युवा खिलाड़ी भारतीय टीम में आए और टीम को सचिन व द्रविड़ के बिना भी खेलने की आदत पड़ी। उन्हें सी.के. नायडू, मंसूर अली खान पटौदी, कपिल देव व अज़हर की ही तरह योग्य व सफल कप्तानों की श्रेणी में रखा जाएगा। कुछ समीक्षक तो उन्हें भारतीय क्रिकेट इतिहास का सबसे सफल व अच्छा कप्तान मानते हैं। उन्हें एक ऐसी टीम मिली जो खेल के हर विभाग में सुदृढ़ थी; क्षेत्ररक्षण भी सुधरा किन्तु वह दक्षिण अफ्रीका या जिम्बाब्वे जैसा 'एथलेटिक' नहीं हो पाया। उन्होंने टीम में स्वाभिमान एवं गौरव का संचार अवश्य किया। आई.सी.सी. ने गांगुली को धीमी ओवर गति के कारण कुछ मैचों के लिए निलंबित किया और उनके स्थान पर राहुल द्रविड़ कप्तान बने। इस तरह गांगुली की कप्तानी का अंत हो गया।

पहले वे एकदिवसीय टीम से बाहर हुए व फिर टेस्ट टीम से भी अंदर बाहर होने लगे। द्रविड़ के नेतृत्व में पाकिस्तान गई भारतीय टीम में गांगुली को न लिए जाने पर देश में राजनीति भी गर्मा गई। अंततः उन्हें पाक बुलाया गया लेकिन वे अपवादस्वरूप ही अच्छा प्रदर्शन कर पाए। हाल ही में सम्पन्न हुए श्रीलंका दौरे की समाप्ति एवं ऑस्ट्रेलिया के आगामी 2008 के भारत के दौरे के पहले तक वे पिछले 13 टेस्ट मैचों में 42 की औसत से लगभग 1100 रन बना पाए थे। पिछली 6 टेस्ट पारियों में उनके खाते में सिर्फ 96 रन हैं। ऑस्ट्रेलिया के विरुद्ध 2 टेस्ट पारियों में भी वे असफल रहे थे। यद्यपि 42 का टेस्ट औसत खराब नहीं कहा जा सकता किन्तु उनकी मैच फिटनेस व मैदानी क्षेत्ररक्षण की दृष्टि से उन्हें ईरानी ट्रॉफ़ी के लिए शेष भारत की टीम में स्थान नहीं दिया गया।

20-20 की आई.सी.सी. ट्रॉफ़ी के पहले जब भारतीय टीम इंग्लैण्ड के दौरे पर थी तभी तेंदुलकर, द्रविड़ व गांगुली ने कह दिया था कि 20-20 के लिए भारतीय टीम में उनके नाम पर विचार न किया जाए। द्रविड़ ने तो कप्तानी भी छोड़ देने की घोषणा की ताकि वे अपनी बल्लेबाजी पर ध्यान केन्द्रित कर सकें। धोनी की कप्तानी में भारतीय टीम ट्रॉफ़ी जीतकर लौटी। फिर द्रविड़ व गांगुली तो एकदिवसीय मैचों से बाहर ही हो गए किन्तु तेंदुलकर बने रहे। टेस्ट मैचों में न सिर्फ गांगुली व द्रविड़ बल्कि कलात्मक बल्लेबाज लक्ष्मण भी बने रहे। अब लगता है कि यदि गांगुली स्वयं ही संन्यास की घोषणा नहीं करते तो चयनकर्ता उन्हें न लेने का निर्णय ले लेते। उनके सफल खेल जीवन के अंत का प्रारम्भ तो साल भर पहले ही हो गया था और सफल नेतृत्व का अंत 2005 में हो चुका था। यद्यपि एक बार बाहर होकर उन्होंने

सफल वापसी की थी लेकिन ऐसा हर बार सम्भव नहीं है। उनके लिए अच्छा व सम्मानजनक यही था कि वे स्वयं ही खेलना बंद करने की घोषणा करते और उन्होंने ऑस्ट्रेलिया के विरूद्ध घरेलू शृंखला के बाद क्रिकेट से संन्यास ले लिया। भारत ने यह शृंखला 2-0 से जीती जो कि एक ऐतिहासिक जीत थी। स्वेच्छा से संन्यास लेने के कारण उनकी व अनिल कुंबले की जोरदार ढंग से विदाई हुई। इस जीत के बाद यह क़यास लगाये जाने लगे कि शायद गांगुली अपने निर्णय पर पुनर्विचार करेंगे किन्तु उन्होंने ऐसा नहीं किया तथा संन्यास के अपने फैसले पर कायम रहे।

आधुनिक क्रिकेट में दिन प्रतिदिन बढ़ते जा रहे तनाव व दबाव को जिस खूबी से गांगुली ने अपनी कप्तानी के दिनों में झेला वैसा और कोई कप्तान नहीं कर पाया। गांगुली ने 49 टेस्ट में कप्तानी की जिनमें से 21 भारत ने जीते जबकि 13 हारे और 15 'ड्रॉ' रहे। प्रतिशत की दृष्टि से वे सर्वाधिक सफल भारतीय कप्तान हैं।

राहुल द्रविड़

राहुल द्रविड़

कैसा विचित्र किन्तु सुखद संयोग है कि सचिन तेंदुलकर, सौरभ गांगुली व राहुल द्रविड़ तीनों हमउम्र हैं और तीनों का जन्म 1973 का है। तीनों ही भारतीय टीम की बल्लेबाजी का आधार-स्तम्भ रहे। इन तीनों में से कोई एक भी जब अपनी पूरी रंगत व लय में खेलता था, देखने वाले धन्य हो जाते थे। उस दिन भारतीय टीम चमत्कारिक प्रदर्शन करती थी और यदि दुर्भाग्य से तीनों ही असफल होते थे तो टीम की लुटिया ही डूबने लगती थी।

राहुल का जन्म 11 जनवरी, 1973 को इंदौर में हुआ। उनकी माँ इंदौर के आर्किटेक्ट सुधाकर काले की बहन हैं। जब राहुल का जन्म हुआ तब वे इंदौर में ही थीं। वैसे उनके पिता बेंगलुरू में रहते हैं और राहुल की प्रारंभिक शिक्षा बेंगलुरू के सेंट जोसेफ हाईस्कूल में हुई। बचपन से ही उनकी क्रिकेट प्रतिभा की चर्चा होने लगी थी। जब वे मात्र 12 वर्ष के थे तभी उनके स्कूल के साथी उन पर अटूट विश्वास करते थे। उन्हें विश्वास था कि जब तक राहुल मैदान पर हैं उनकी टीम हर

संभव चमत्कार कर सकती है। बड़े होने पर जब वे भारतीय टीम के सदस्य बने तो उन पर ऐसा ही अटूट विश्वास भारतीय क्रिकेट प्रेमी भी करने लगे।

आज यदि क्रिकेट जगत् में उन्हें 'वॉल' या 'श्रीमान भरोसेमंद' कहा जाता है तो इसकी आधारशिला तो तभी पड़ गई थी जब वे 15, 17 व 19 वर्ष से कम की स्पर्धाओं में विशेष आकर्षण का केन्द्र बन गए थे। जितना विश्वास राहुल पर उनके सहपाठी करते थे उतना न तो सचिन पर और न ही सौरभ पर उनके सहपाठियों ने कभी किया था। गुंडप्पा विश्वनाथ, बृजेश पटेल व केकी तारापोर उनसे बचपन से ही प्रभावित थे। राहुल की रुचि हमेशा से निर्दोष तकनीक में रही जबकि अन्य बच्चे गेंद को जोर से मारना चाहते थे। वे आरम्भ से ही हर चीज को सलीके से, ठीक तरह से और ठीक समय पर करने को महत्त्व देते थे। स्कूली दिनों से ही वे गेंद को उसके गुण-दोष के आधार पर खेलते थे। 90 के दशक के मध्य में वे बेंगलुरू व कर्नाटक में चर्चित थे। आज वे क्रिकेट जगत् में चर्चित हैं। वर्षों से वे पहला विकेट गिरते ही तीसरे क्रम पर जाकर खेलते हैं। 80 के दशक में वे बोर्ड के गर्मियों में आयोजित प्रशिक्षण शिविर में रहे, फिर भारत की 15 व 19 वर्ष से कम आयु की टीमों में भी रहे। 1992 में उन्हें जूनियर टीम की कप्तानी सौंपी गई और कप्तानी करते हुए उन्होंने मुंबई टेस्ट में शतक बनाया।

1991 में वे अपना पहला रणजी मैच खेले और महाराष्ट्र के विरुद्ध उन्होंने 82 रन बनाए। सीधे हाथ के मध्यक्रम के बल्लेबाज के रूप में वे अभी तक प्रथम श्रेणी क्रिकेट में 19 हजार से अधिक रन व 52 शतक तथा 98 अर्धशतक लगा चुके हैं। टेस्ट क्रिकेट में उनके नाम पर 10 हजार से अधिक रन व 25 शतक और 51 अर्धशतक हैं। टेस्ट क्रिकेट में 10 हजार रन का आँकड़ा पार करने वाले वे गावस्कर व तेंदुलकर के बाद तीसरे भारतीय बल्लेबाज हैं। एकदिवसीय क्रिकेट में भी वे साढ़े दस हजार रन पार कर चुके हैं और 12 शतक तथा 81 अर्धशतक लगा चुके हैं। उनका टेस्ट औसत 54.88 एवं एकदिवसीय क्रिकेट का औसत 39.49 तथा प्रथम श्रेणी क्रिकेट का बल्लेबाजी औसत 56.81 है। अपना पहला रणजी ट्रॉफ़ी मैच खेलने के 5 वर्षों के बाद वे भारत के लिए अपना पहला टेस्ट भी खेले और पहला एकदिवसीय अन्तर्राष्ट्रीय मैच भी।

राहुल ने भी सौरभ के साथ ही 1996 में अपने टेस्ट जीवन का आरम्भ किया। सौरभ ने तो अपने पदार्पण टेस्ट में ही लार्ड्स पर शतक बनाया किन्तु राहुल शतक बनाने से 5 रनों से चूक गए और 95 पर आउट हो गए अन्यथा लॉर्ड्स से टेस्ट जीवन आरम्भ करके शतक बनाने वाले दूसरे भारतीय खिलाड़ी होते। उनके बारे में क्रिकेट प्रेमियों की मिश्रित प्रतिक्रिया रही है। कुछ लोग उन्हें उनकी एकाग्रता, निर्दोष तकनीक सुरक्षात्मक शैली व धैर्य तथा लंबी पारी खेलने के लिए तत्पर रहने के कारण सराहते हैं तो अन्य लोग उनकी अति सुरक्षात्मक शैली व नीरसता को छूती धीमी बल्लेबाजी के कारण उनकी आलोचना करते हैं। उनकी बल्लेबाजी दर्शकों को आंदोलित एवं रोमांचित नहीं करती। वे शुद्ध शास्त्रीय पद्धति के बल्लेबाज हैं व लंगर डालकर खेलते हैं। दक्षिण अफ्रीका के विरुद्ध जब डरबन टेस्ट में भारतीय टीम 100 व 66 रनों पर आउट हो गई तब द्रविड़ ने दूसरी पारी में जुझारू नाबाद 27 रन बनाए। स्मरण रहे वह राहुल का 7वाँ ही टेस्ट था। डरबन में ही त्रिकोणीय श्रृंखला के एक मैच में मात्र 94 गेंदों में राहुल ने 84 रन बनाए थे और इसी तरह इंग्लैण्ड के विरुद्ध घरेलू श्रृंखला के बेंगलुरू टेस्ट में उन्होंने 61 गेंद खेलकर मात्र 3 रन बनाकर दर्शकों को ऊबने पर विवश कर दिया था। पर सच तो यही है कि जिस तरह आक्रामक खेल के लिए प्रसिद्ध तेंदुलकर आक्रामक प्रहार करने के प्रयास में आउट हो जाते हैं व अपने ऑफ़ साइड के प्रहारों के लिए प्रसिद्ध गांगुली ऑफ़ में प्रहार करने की कोशिश में आउट हो जाते हैं उसी तरह अपनी सुरक्षात्मक शैली के लिए विख्यात राहुल भी अति सुरक्षात्मक ढंग

से खेलने की कोशिश में आउट हो जाते हैं। तीसरे क्रम पर जाकर खेलते हुए उनकी बल्लेबाजी का औसत 55.50 का रहा है जो कि महान ब्रेडमैन के बाद इस क्रम का श्रेष्ठ औसत है। तीसरे क्रम पर उसी बल्लेबाज को भेजा जाता है जो बल्लेबाजी को मज़बूत आधार दे सके और जिसमें तेज़ गेंदबाजी की धार को निस्तेज़ करने की क्षमता हो। राहुल भारत के लिए यह काम बखूबी करते रहे हैं। एकदिवसीय क्रिकेट के लिए उन्हें धीमा कहा जाता है लेकिन तथ्य साक्षी हैं कि वे प्रति गेंद एक रन का औसत तो रखते ही आए हैं। 71.22 का स्ट्राइक रेट भला धीमा कैसे कहा जा सकता है?

उनके आलोचक यह भी कहते हैं कि आखिरी पारी खेलते हुए राहुल ने न तो भारत को कोई टेस्ट जितवाया है और न ही हार से बचने में मदद की है। ऐसा इसलिए है क्योंकि वे उत्तेजना की गर्मी सह नहीं पाते। वास्तव में यह बात तो पूरी टीम पर लागू होती है फिर भला एक ही बल्लेबाज को दोष क्यों दिया जाना चाहिए? 2001 में ऑस्ट्रेलिया के विरुद्ध कोलकाता टेस्ट में पारी की हार का सामना कर रही भारतीय टीम के लिए राहुल द्रविड़ व लक्ष्मण के बीच 5वें विकेट के लिए 276 रनों की आकर्षक व यादगार पारी को क्या कभी कोई भूल सकता है? उसमें भी तो राहुल ने बेहतरीन 180 रन बनाकर भारत को विजय दिलवाने में मदद की थी। सफलता व असफलता के दौर तो हर खिलाड़ी के जीवन में आते हैं और राहुल भी अपवाद नहीं हैं। अतः चंद

असफलताओं के बल पर मूल्यांकन करना बुद्धिमानी नहीं है। सच है कि राहुल ने आरम्भ असफल पारियों से किया और यदि गुंडप्पा विश्वनाथ का सहयोग न मिला होता तो वे टीम से बाहर कर दिए गए होते। किन्तु यह भी याद रखिए कि विश्वनाथ ने उनमें भविष्य की संभावनाओं को पहचाना और एक बार चल पड़ने के बाद राहुल ने कभी पीछे मुड़कर नहीं देखा।

राहुल एक बुद्धिमान व पढ़ने-लिखने में रुचि रखने वाले खिलाड़ी हैं। कहा जाता है कि क्रिकेट का ज्ञान व साहित्य पढ़ने का जितना शौक राहुल व लक्ष्मण को है उतना वर्तमान भारतीय टीम के किसी खिलाड़ी को नहीं है। उन्हें क्रिकेट इतिहास व परंपराओं की भी अच्छी जानकारी है तभी तो वे जानते हैं कि वे क्या कर सकते हैं और क्या नहीं कर सकते। उन्हें अपनी सीमाओं का अहसास है और वे सदैव अपनी सीमाओं में रहकर ही खेलते हैं। वे कभी तेंदुलकर या लारा की तरह नैसर्गिक क्रिकेट खेलने का प्रयास नहीं करते क्योंकि वे जानते हैं कि वे ऐसा नहीं कर सकते। कुछ लोग उन्हें विश्वनाथ व बृजेश पटेल का मिश्रण मानते थे। संभवत: यह सत्य भी है। जिस तरह सिर्फ 27 रणजी मैचों में उन्होंने 10 शतक व 11 अर्धशतकों के साथ 2000 रन पूरे किए वह उनके दृढ़ संकल्प व निष्ठा का ही परिचायक है।

वे अपने खेल के प्रति कितने गंभीर हैं यह इसी से पता चलता है कि 1996 के इंग्लैण्ड दौरे के बाद व उसके बाद भी वे अपने प्रशिक्षक केकी तारापोर से तब भी मार्गदर्शन लेते रहे जब वे भारतीय टीम के स्थायी सदस्य बन चुके थे। वे कभी अपनी पिछली गलती दुहराना पसंद नहीं करते। 1996 से ही उन्होंने तय किया था कि वे टेस्ट व एकदिवसीय दोनों ही शैलियों के खेल में अपनी योग्यता सिद्ध करेंगे और उन्होंने ऐसा किया भी है। दक्षिण

अफ्रीका के विरुद्ध वहाँ जाकर लगाया गया उनका पहला टेस्ट शतक और मोहाली में जिम्बाब्वे के विरुद्ध एकदिवसीय अन्तर्राष्ट्रीय मैच में खेली गई अविस्मरणीय पारी, दोनों ही प्रदर्शन क्रिकेट प्रेमियों के ज़हन में कैद रहेंगे। एक सच्चे 'टीम मेट' की तरह उन्होंने टीम के हित में पारी का आरम्भ भी किया और एकदिवसीय मैचों में विकेटकीपिंग भी की ताकि एक अतिरिक्त बल्लेबाज या गेंदबाज को टीम में लिया जा सके। इससे अधिक भला किसी खिलाड़ी से क्या अपेक्षा की जा सकती है? गांगुली कभी भारतीय टीम के उपकप्तान नहीं रहे थे। किन्तु राहुल द्रविड़ ने शुरुआत उपकप्तान के रूप में की। खेल के अच्छे विद्यार्थी और पढ़ने-लिखने के शौकीन होने का उन्हें कप्तान बनने पर लाभ भी मिला। जब गांगुली को धीमी ओवर गति रखने के कारण आई.सी.सी. ने दण्डस्वरूप कुछ मैचों के लिए निलंबित किया तब संकट की घड़ी में राहुल द्रविड़ को अक्टूबर 2005 में भारतीय टीम का कप्तान नियुक्त किया गया। कप्तान के रूप में अपनी पहली ही एकदिवसीय श्रृंखला में उन्होंने श्रीलंका को 6-1 से पराजित किया। शीघ्र ही उन्हें विवादों में घिरे सौरभ गांगुली के स्थान पर भारतीय टेस्ट टीम का कप्तान भी बना दिया गया। अपनी कप्तानी में उन्होंने पाकिस्तान और इंग्लैण्ड दोनों के विरुद्ध एकदिवसीय श्रृंखलाएँ जीतीं। किन्तु वेस्टइंडीज़ में खेले गए 2007 के विश्व कप में बांग्लादेश जैसी नई व कम अनुभवी टीम के हाथों बुरी तरह पिट जाने से भारतीय टीम इतनी जल्दी स्पर्धा से ही बाहर हो गई। परन्तु फिर भी वे कप्तान बने रहे। उन्हीं की कप्तानी में भारत ने दक्षिण अफ्रीका के विरुद्ध उन्हीं के देश में पहली टेस्ट विजय प्राप्त की और फिर वेस्टइंडीज़ व इंग्लैण्ड में श्रृंखलाएँ जीतकर नया इतिहास बनाया और 2007

के इंग्लैण्ड दौरे के तुरन्त बाद द्रविड़ ने कप्तानी छोड़ देने का निर्णय किया। उनका कहना था कि कप्तानी के अतिरिक्त दबाव के कारण उनकी बल्लेबाजी पर विपरीत प्रभाव पड़ता है। किन्तु तभी वे बल्लेबाजी के खराब फ़ॉर्म की गिरफ्त में आ गए जिसके फलस्वरूप उन्हें पाकिस्तान के विरुद्ध खेली गई शृंखला में टीम से बाहर कर दिया गया। परन्तु उन्होंने रणजी ट्रॉफ़ी में कर्नाटक के लिए अच्छा प्रदर्शन करना जारी रखा। उन्होंने 2 शतक बनाए जिनमें एक तो दोहरा शतक था। विवश होकर उन्हें श्रीलंका के दौरे पर गई भारतीय टेस्ट टीम में लेना पड़ा किन्तु टेस्ट शृंखला में पराजित हो जाने तथा नए स्पिन गेंदबाज अजंता मेंडिस के आतंक के शिकार हो जाने से

उनका प्रदर्शन भी खराब ही रहा। अचानक उन्होंने कप्तानी छोड़ने का निर्णय क्यों लिया, यह रहस्य व जिज्ञासा का विषय है। क्या उनकी टीम के कुछ सदस्य उनका पूरी तरह साथ नहीं दे रहे थे? क्या गांगुली के प्रति हमदर्दी दिखाने वाले हरभजन, युवराज व सहवाग जैसे खिलाड़ी पूरी तरह समर्पित नहीं थे? या फिर वास्तव में वे कप्तानी के साथ-साथ बल्लेबाजी नहीं कर पा रहे थे? जहाँ तक दिमागी या मानसिक दृढ़ता का प्रश्न है, सभी मानेंगे कि द्रविड़ वर्तमान खिलाड़ियों में सबसे मजबूत हैं और कप्तान बनने व बने रहने का सपना तो हर खिलाड़ी संजोता है। और राहुल ने दो साल कप्तानी करने व इसके मध्य 2007 के विश्व कप के अपवाद के अतिरिक्त सफल कप्तान साबित होने के बाद भी कप्तानी छोड़ दी। उनकी कप्तानी का इतने छोटे से समय में अकस्मात असमय एवं विस्मयकारी अंत होना वास्तव में त्रासदीपूर्ण था।

द्रविड़ ने 25 टेस्ट में भारत की कप्तानी की जिनमें से 8 में भारत जीता

व 6 में पराजित हुआ जबकि 11 टेस्ट 'ड्रॉ' रहे। गांगुली के सफलता के 42.85 औसत प्रतिशत के बाद द्रविड़ की 32 प्रतिशत की सफलता प्रतिशत के मान से दूसरी बड़ी सफलता है। द्रविड़ की क्रिकेट के प्रति प्रतिबद्धता व टीम में बने रहने के लिए विकेटकीपिंग से लेकर पारी का आरम्भ करने तक की जिम्मेदारी निभाने के लिए तैयार रहना दरअसल बेमिसाल है।

महेन्द्र सिंह धोनी

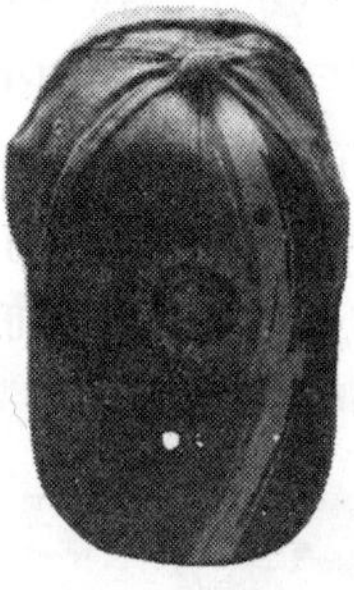

महेन्द्र सिंह धोनी

7 जुलाई, 1981 को रांची में जन्मे महेन्द्र सिंह धोनी सुदूर पूर्व, पिछड़े, अभावग्रस्त व छोटी जगह से आकर भारतीय क्रिकेट टीम में पक्का स्थान बनाने वाले सर्वाधिक महत्त्वपूर्ण खिलाड़ी हैं। कभी बिहार और अब झारखंड के रहने वाले धोनी को उनके करीबी 'माही' नाम से पुकारते हैं और अब क्रिकेट जगत् में भी यही उपनाम लोकप्रिय हो गया है।

भारतीय टीम में कभी राजा महाराजा व नवाबों तथा बड़े शहरों के खिलाड़ियों की ही भरमार रहती थी किन्तु धोनी, श्रीसंत, दहिया, रात्रा व गोनी जैसे, छोटे नगरों के खिलाड़ियों ने भारतीय टीम में स्थान बनाकर सिद्ध कर दिया कि भारत में क्रिकेट शहरों तक ही सीमित नहीं रहा है। अब वह कस्बों व गाँवों तक फैल चुका है। ये खिलाड़ी भी गावस्कर, कपिल देव, तेंदुलकर, वसीम जाफर की ही तरह निम्न मध्य नहीं तो मध्यमवर्गीय परिवार से ही आए हैं। अब कौन कहेगा व मानेगा कि क्रिकेट गरीबों का खेल नहीं है?

धोनी अपना पहला रणजी मैच बिहार के लिए 1999 में खेले। बिहार तब पूर्वी क्षेत्र की सबसे कमजोर टीम मानी जाती थी तथा अंक तालिका में सबसे नीचे रहती थी। तब किसने सोचा था कि इतनी कमजोर टीम के लिए खेलकर अपना प्रथम श्रेणी का खेल जीवन आरम्भ करने वाला 18 वर्ष का यह किशोर आगे चलकर इतनी तरक्की करेगा कि वह एक दिन भारत की 20-20 यानी बीसी-बीसी व एकदिवसीय और टेस्ट टीम का कप्तान बनेगा?

वीरेन्द्र सहवाग की आतिशी व धमाकेदार बल्लेबाजी व उनके चमत्कारिक आगमन के बाद देश में तेज़ी से क्रिकेट का नक्शा बदला। युवराज की आश्चर्यजनक व आकर्षक बल्लेबाजी ने इस धारणा को मजबूत संबल प्रदान किया कि युवा व होनहार खिलाड़ी शीघ्र ही उन्हें अपना आदर्श मानने लगेंगे। इन दोनों के अतिरिक्त सचिन तेंदुलकर, सौरभ गांगुली व लक्ष्मण के खेल में भी युवाओं को प्रेरित करने का अद्‌भुत सम्मोहन था। इन्हीं से प्रेरणा लेकर धोनी आगे बढ़े।

विकेटकीपर व सीधे हाथ के मध्यक्रम के बल्लेबाज के रूप में धोनी ने दिन-दूनी व रात-चौगुनी तरक्की की। उनसे पहले किसी छोटे नगर या कस्बे का कोई खिलाड़ी इतनी तेज़ी से इतने आगे नहीं बढ़ पाया था। धुँआधार बल्लेबाजी और विकेट के पीछे खड़े होकर विश्वस्तरीय विकेटकीपिंग द्वारा वे

अपना पहला रणजी मैच खेलने के चार वर्ष तक तो विशेष चर्चा में नहीं आए किन्तु 2004 में कीनिया में कीनिया, भारत व पाकिस्तान के बीच भारतीय 'ए' टीम के लिए पाकिस्तान 'ए' के विरुद्ध आवश्यकता के समय दो शतक लगाकर धोनी एकदम सुर्खियों में आ गए। इस भारतीय टीम में दिनेश कार्तिक प्रथम-वरीयता प्राप्त विकेटकीपर थे। पार्थिव पटेल तब भारतीय टीम के विकेटकीपर थे। जब दिनेश कार्तिक भी भारतीय टीम में ले लिए गए तभी धोनी भारत 'ए' के विकेटकीपर बने और टीम में खेले। विशेष बात यह है कि उन्होंने मिले अवसर को दोनों हाथों से भुनाया। अवसर का पूरा लाभ उठाते हुए उन्होंने दो शतक जड़ दिए व विकेटकीपिंग भी अच्छी की। उनकी आतिशी पारी को देखकर लगा कि वे अपनी आक्रामक बल्लेबाजी द्वारा किसी भी टीम की गेंदबाजी को ध्वस्त कर सकते हैं तथा अच्छे से अच्छे गेंदबाजों की धुनाई करके उनकी गेंदबाजी की दिशा व नियंत्रण को बिगाड़ सकते हैं। उनका नाम भारत के भावी खिलाड़ियों में प्रमुखता से लिया जाने लगा।

2004 में ही बांग्लादेश के विरुद्ध चटगाँव में वे अपना पहला एकदिवसीय मैच खेले। भारतीय 'ए' टीम से सीधे मुख्य भारतीय टीम में आ जाना उनकी तरक्की का जीता जागता प्रमाण है। अब वे पार्थिव पटेल व दिनेश कार्तिक को पीछे छोड़ते हुए एकदिवसीय क्रिकेट की भारतीय टीम के सदस्य बन गए। विकेटकीपर बल्लेबाज के रूप में अब वे टीम में स्थापित हो चुके थे। भारत को 23 वर्षीय ऐसा खिलाड़ी मिल गया था जो अपनी आश्चर्यजनक आतिशी बल्लेबाजी से आंदोलित तो कर ही सकता था विकेटकीपिंग भी करता था। अपने 5वें ही अन्तर्राष्ट्रीय मैच में विशाखापट्टनम में पाकिस्तान के विरुद्ध

धोनी ने धुँआधार 148 बनाए और फिर जयपुर में श्रीलंका के विरुद्ध नाबाद 183 रन बनाकर सिद्ध कर दिया कि उनका पहला शतक मात्र संयोग नहीं था। उनकी आक्रामक शैली के सामने सहवाग की आक्रामकता की चमक फीकी पड़ गई। जब वे सफल हुए तो उनके प्रदर्शन को बारीकी से देखा जाने लगा। समीक्षकों को उनके खेल में अनेक दोष दिखाई दिये। कहा जाने लगा कि उनका फुटवर्क दोषपूर्ण है और वे सिर्फ गेंद पर ज़ोरदार प्रहार ही कर सकते हैं। वे पूरी तरह गेंद पर जाते ही नहीं सहवाग की तरह अपनी जगह से ही खेलते हैं। जब वे गेंद को मारते हैं तो उनका पैर कहीं होता है व बल्ला कहीं और तथा मुँह कहीं और। तकनीक की यह खामी इतनी साफ़ तौर पर दिखती थी कि कोई भी उसे आसानी से देख सकता था। इस आधार पर कहा जाने लगा कि वे लंबी दौड़ का घोड़ा नहीं हो सकते अर्थात् अधिक समय तक सफल नहीं हो सकते। अच्छे तेज़ व स्पिन गेंदबाज उन्हें खेलने नहीं देंगे। पर तकनीकी खामी के बाद भी महत्त्वपूर्ण यह है कि गेंद कहाँ जाती है। जब वे मारते हैं तो गेंद इतनी तेज़ी से सीमा रेखा के ऊपर या उसके पार जाती है कि क्षेत्ररक्षकों को उसे रोकने का समय ही नहीं मिल पाता। अपनी सभी सीमाओं के बावजूद जो परिणाम उन्होंने दिया है और जो प्राप्ति की है वह उल्लेखनीय है।

उनकी सफलता को लेकर व्यक्त किया गया यह शक निर्मूल सिद्ध हुआ है कि अच्छे गेंदबाज उन्हें खेलने नहीं देंगे। उन्होंने भारत में तो रन बनाए ही हैं, श्रीलंका, पाकिस्तान, इंग्लैण्ड, ऑस्ट्रेलिया, वेस्टइंडीज़ व दक्षिण अफ्रीका में भी रन बनाए हैं। उन्होंने मैग्रा व वार्न के विरुद्ध भी स्कोर किया है व मुरली, वॉस, मेंडिस व स्टेन, शोएब अख्तर व व्हिटोरी के विरुद्ध भी। उनमें लगन भी थी और वे खेल के प्रति गंभीर भी थे। अतः समय व अनुभव के साथ उन्होंने क्षेत्ररक्षकों के बीच से गेंद मारना भी सीखा व विकेट पर रुककर ढीली गेंद की प्रतीक्षा भी। वे जितना तेज़ खेलते हैं, आवश्यकता पड़ने पर उतना ही धीमा व संयमपूर्ण भी खेलते हैं। वे जितनी अच्छी तरह 'पैडल स्वीप' करते हैं उतना क्रिकेट जगत् में बहुत कम बल्लेबाज करते हैं। इसके अतिरिक्त वे दौड़ते भी बहुत अच्छा व तेज़ी से हैं और उनमें दमखम भी बहुत है। उनके साहस व जज़्बे का ही कमाल है कि जब तकनीकी तौर पर उनसे बेहतर बल्लेबाज असफल रहे हैं, तब उन्होंने रन बनाए हैं। वे बड़े गर्व से कहते रहे हैं कि वे दूध पीने के व दौड़ लगाने के शौकीन रहे हैं। मज़बूत कलाई, पुष्ट कंधे व जानदार पैर, ये सभी मिलकर उन्हें दमखम की वह खुराक देते हैं जिसके कारण वे बिना

थके जमकर बल्लेबाजी व फिर दिन भर विकेटकीपिंग कर पाते हैं।

आमतौर पर वे नीचे के मध्यक्रम पर जाकर खेलते हैं, किन्तु उन्हें बल्लेबाजी में ऊपर के क्रम पर भी भेजा जाता रहा है। कभी-कभी तो उन्होंने पारी का आरम्भ भी किया है। विशेष बात यह है कि वे रन बनाने के लिए बड़ी तेज़ी से दौड़ते हैं व साथी बल्लेबाज को दौड़ाते भी हैं। क्योंकि वे पहला रन तेज़ी से लेते हैं, इस कारण उन्हें दूसरा व तीसरा रन दौड़ने के लिए पर्याप्त समय मिल जाता है। ऑस्ट्रेलिया के लंबे व बड़े मैदानों पर वे जिस खूबी व तेज़ी से दौड़कर रन लेते थे वह देखते ही बनता था।

ज़रा गौर कीजिए कि 18 वर्ष की आयु में वे अपना पहला रणजी मैच खेले, 23 की आयु में भारत 'ए' के लिए खेले और 23 की आयु में ही भारत के लिए एकदिवसीय अन्तर्राष्ट्रीय मैच खेले तथा 24 के होने पर भारत के लिए पहला टेस्ट खेले। पहले उन्हें एकदिवसीय टीम में ही खिलाया जाता रहा। शीघ्र ही ऐसा माना जाने लगा कि वे बहुत जल्दी सीख लेते हैं तथा उनमें परिस्थिति के अनुरूप अपने खेल को ढाल लेने की खूबी है। श्रीलंका के विरुद्ध अपना पदार्पण टेस्ट खेलने के बाद पाकिस्तान दौरे के फ़ैसलाबाद टेस्ट में 148 रन बनाकर उन्होंने अपनी उपयोगिता का प्रमाण दिया। यह उनका 5वाँ ही टेस्ट था। किन्तु वे इतना अच्छा खेले कि फिर भारतीय टेस्ट टीम के स्थायी सदस्य बन गए। पार्थिव पटेल व दिनेश कार्तिक जैसे वरिष्ठ विकेटकीपर उनके सामने पृष्ठभूमि में चले गए।

2007 में जब भारतीय टीम आयरलैण्ड व इंग्लैण्ड के दौरे पर गई तो धोनी को राहुल द्रविड़ का उपकप्तान बनाकर भेजा गया। यह उनके खेल को देखकर एक तरह की पदोन्नति ही थी। प्रथम श्रेणी क्रिकेट आरम्भ करने के 7वें वर्ष में ही वे कप्तान राहुल द्रविड़ के सहायक बने। उपकप्तान के रूप में आरम्भ करके धोनी तुरन्त ही 2008 में दक्षिण अफ्रीका में खेली गई पहली आई.सी.सी. ट्रॉफ़ी 20-20 स्पर्धा में भारतीय टीम के कप्तान बने। परिस्थितियाँ भी उनके पक्ष में बनती गईं। द्रविड़ कप्तानी से हटने का निर्णय ले चुके थे और इसके अतिरिक्त द्रविड़, तेंदुलकर व गांगुली ने 20-20 में न खेलने का निर्णय कर लिया था। दरअसल तेंदुलकर ने ही बोर्ड अध्यक्ष पवार को सुझाया था कि धोनी ही कप्तानी के लिए सर्वथा योग्य हैं। सहवाग व युवराज जैसे वरिष्ठ खिलाड़ियों के होते हुए धोनी को टीम का कप्तान बनाकर भेजा गया और धोनी की कप्तानी में भारतीय टीम नया इतिहास बनाते हुए 20-20 विश्व कप ट्रॉफ़ी विजेता बनी। 2007 से ही वे भारत की एकदिवसीय टीम की कप्तानी कर रहे थे क्योंकि द्रविड़ हट चुके थे। टेस्ट कप्तान अनिल कुंबले थे और एकदिवसीय कप्तान धोनी। उन्होंने ऑस्ट्रेलिया दौरे में भी कप्तानी की व त्रिकोणीय श्रृंखला जीतकर नया इतिहास बनाया। फिर 2008 के श्रीलंका दौरे में भी एकदिवसीय श्रृंखला जीतकर अपनी कामयाबी का परचम लहराया। धोनी उन पर व्यक्त किये गए विश्वास पर खरे उतरे और उन्होंने अपने चाहने वालों को निराश नहीं किया। कप्तानी करते समय वे एकदम शांत व संयमित बने रहते हैं व व्यर्थ की उत्तेजना नहीं दिखाते। उत्तेजित खिलाड़ियों के पास स्वयं जाकर उन्हें नियंत्रित भी करते हैं व सलाह भी देते हैं। विशेषकर ईशांत शर्मा, श्रीसंत, युवराज व हरभजन जैसे खिलाड़ियों से सतत संवाद बनाए रखना उन्हें अच्छी तरह आता है।

मुसीबत, चुनौती व विपरीत परिस्थिति में बलिदान के लिए वे किसी अन्य खिलाड़ी को आगे करने के स्थान पर स्वयं आगे आना पसंद करते हैं। यही एक अच्छे कप्तान का गुण है। रोहित शर्मा व विराट कोहली जैसे नए व युवा खिलाड़ी ही नहीं, युवराज तथा सहवाग के असफल होने पर भी वे हिम्मत नहीं हारते व डटकर संघर्ष करते हैं। कभी-कभी तो उन्हें तीसरे व चौथे क्रम पर आकर मोर्चा सँभालते भी देखा गया है। विकेटकीपर के रूप में भी वे अपने साथियों को आवाज़ दे देकर सचेत, प्रोत्साहित व प्रेरित करते रहते हैं। तभी तो कहा जाता है कि विकेटकीपर अच्छे कप्तान सिद्ध होते हैं। उनके नाम पर टेस्ट क्रिकेट में 29 टेस्ट की 42 पारियों में 1 शतक व 9 अर्धशतकों के साथ

33.76 की औसत से 1418 रन व विकेटकीपर के रूप में 68 कैच व 14 स्टंपिंग हैं जबकि एकदिवसीय क्रिकेट में 106 मैचों की 95 पारियों में 3 शतक व 19 अर्धशतकों के साथ 45.50 के औसत से 3185 रन व विकेटकीपर के रूप में 106 कैच व 31 स्टंपिंग हैं। एक विश्व कीर्तिमान भी उनके नाम पर है और वह है एकदिवसीय मैच में किसी विकेटकीपर द्वारा बनाए गए सर्वाधिक रन जब उन्होंने श्रीलंका के विरुद्ध 183 नाबाद रन बनाकर एडम गिलक्रिस्ट का कीर्तिमान तोड़ा। श्रीलंका की ताज़ा एकदिवसीय श्रृंखला में भी धोनी ही 'मैन ऑफ़ द सीरीज़' रहे।

जहाँ तक टेस्ट क्रिकेट का प्रश्न है कुंबले निश्चित ही वर्तमान में धोनी से बेहतर विकल्प हैं। पर वे अब 38 वर्ष के हो चुके हैं अतः एकदिवसीय क्रिकेट के लिए तो धोनी के अतिरिक्त कोई अन्य खिलाड़ी कप्तानी के उपयुक्त था ही नहीं। अतः हाल ही में उन्हें टेस्ट क्रिकेट की कप्तानी भी सौंप दी गई है। वे जितने कम समय में इतनी जल्दी परिपक्व हुए हैं वह आश्चर्यजनक है। इतनी छोटी जगह से, सीमित साधनों एवं सिर्फ हाईस्कूल की पढ़ाई करने के बाद क्रिकेट जैसी चमक-दमक तथा मार्केटिंग से भरपूर खेल में उन्होंने जो स्थान बनाया है वह भी कम प्रशंसनीय नहीं है। आज विज्ञापनों एवं प्रायोजित कार्यक्रमों में भी उन्हीं की धूम है। प्रचार जगत् तो जाता भी उन्हीं के पास है और घेरता भी उन्हें ही है जो कुछ कर दिखाते हैं व कुछ बन जाते हैं और

धोनी ऐसे ही सितारे हैं। समय बताएगा कि वे आगे कितना संतुलन रख पाते हैं और कितना आगे जाते हैं। उन्होंने एक आदर्श प्रस्तुत किया है कि बिना तकनीकी महारथ व महानगरीय तड़क-भड़क के एक सीधा-सादा कर्तव्यनिष्ठ, साहसी, जमीन से जुड़ा, व मजबूत इरादे का व्यक्ति कितना आगे जा सकता है। बहरहाल कुछ जानकारों की राय है कि धोनी की कप्तानी की अग्निपरीक्षा तो विदेशों में तथा वहाँ की भिन्न परिस्थितियों में टेस्ट कप्तानी करने से होगी। लेकिन अभी तक अनेक बार छोटे-छोटे लक्ष्यों की प्राप्ति में पिछड़ती रही भारतीय टीम को जिस तरह उन्होंने इंग्लैड के विरुद्ध चेन्नई टेस्ट में आखिरी पारी खेलते हुए 387 जैसा बड़ा लक्ष्य प्राप्त करवाकर टेस्ट जितवाया उससे यह उम्मीद तो बँधती ही है कि धोनी में हर चुनौती पर खरा उतरने की क्षमता है। एक दिन वे यकीनन भारत के बड़े कप्तानों में शरीक होंगे। उन्होंने जितनी जल्दी इतना कुछ सीखा है वह काबिले तारीफ़ है।

अभी तक धोनी ने सिर्फ पाँच टेस्टों में कप्तानी की है और उनमें से चार में भारतीय टीम जीती है व एक 'ड्रॉ' रहा है। यानी अब तक (2008 की भारत-इंग्लैण्ड टेस्ट श्रृंखला तक) उन्होंने कोई टेस्ट हारा नहीं है। उनकी लोकप्रियता चरम पर है व विज्ञापन कंपनियाँ और प्रायोजक उन पर टूटे पड़ रहे हैं। उनको लेकर कई झूठे-सच्चे किस्से प्रचलित हैं जो कि ऐसी स्थिति में होता ही है। यहाँ तक कि उनकी निजता भी छूट गई है।

वे जो छूट गए

वे जो छूट गए

भारतीय क्रिकेट के इतिहास में कुछ ऐसे भी कद्दावर व बड़े खिलाड़ी हुए जिन्हें भारत की सार्वकालिक महान टीम में ससम्मान स्थान मिलेगा। उन्होंने भारतीय टीम की कप्तानी भी की किन्तु किसी न किसी कारण से वे भारत के अच्छे कप्तानों की इस सूची में स्थान नहीं पा सके। कुछ का व्यक्तित्व ही इतना सरल, सहज व सीधा-सादा था कि वे कभी किसी को कोई आदेश दे ही नहीं सकते थे तो कुछ ऐसे थे जो केवल कुछ ही मैचों में कप्तानी कर पाए और कुछ ऐसे भी थे जो परिस्थितिवश किसी न किसी समझौते या विवशता में कप्तान बनाए गए थे। इन विभिन्न श्रेणियों में विजय हजारे, जी.एस. रामचंद, नरी कंट्रेक्टर, वेंकटराघवन, दिलीप वेंगसरकर और कुंबले प्रमुख हैं। यहाँ मैंने उन्हें तो बिल्कुल ही छोड़ दिया है जो केवल एक या दो टेस्ट मैचों में कप्तान रहे थे।

विजय सेम्युअल हजारे निर्विवाद रूप से भारत के सार्वकालिक महान् व श्रेष्ठ मध्यक्रम के बल्लेबाजों में से हैं।

1946 से लेकर 1953 तक वे भारत के लिए 30 टेस्ट खेले और उन्होंने 7 शतकों के साथ 47.65 की औसत से 2192 रन बनाए। सीधे हाथ के बल्लेबाज हजारे अपनी कवर ड्राइव व ऑन ड्राइव के लिए प्रसिद्ध थे और सीधे हाथ से ही लेग कटर गेंदें भी अच्छी फेंकते थे। जब टेस्ट क्रिकेट नहीं खेला जा रहा था तब उन्होंने 19 अनधिकृत टेस्ट भी खेले तथा 55.73 की औसत से 1674 रन बनाए। पंचकोणीय स्पर्धा में भी उनके खाते में 14 मैचों में 4 शतकों के साथ 1212 रन हैं। सम्पूर्ण खेल जीवन में वे प्रथम श्रेणी क्रिकेट को मिलाकर 329 मैच खेले व उन्होंने 31 शतकों के साथ 56.22 के औसत से 10194 रन बनाए। तब मैच ही कम होते थे तथा द्वितीय विश्वयुद्ध के कारण अन्तर्राष्ट्रीय क्रिकेट गतिविधियाँ स्थगित भी रहीं। 1947-48 में ऑस्ट्रेलिया के विरुद्ध एडिलेड टेस्ट की दोनों पारियों में उन्होंने शतक लगाया और इस तरह किसी टेस्ट की दोनों पारियों में शतक लगाने वाले वे पहले भारतीय बने। लंगर डालकर मजबूती से व संयम एवं धैर्य तथा एकाग्रतापूर्वक बल्लेबाजी करने वाले हजारे फिर भी 1952 की इंग्लैण्ड के विरुद्ध ओवल टेस्ट में अपनी 38 रनों की छोटी-सी पारी को अपनी श्रेष्ठ पारी मानते हैं क्योंकि जब वे और फड़कर संघर्ष करते हुए विकेट पर थे तब सिर्फ 6 रनों पर भारत के ऊपरी क्रम के प्रमुख 5 बल्लेबाज आउट हो चुके थे। खराब विकेट पर जूझते हुए खेली गई वह पारी अविस्मरणीय बन गई। तभी तो हजारे उसे दोहरे शतक से भी अधिक महत्त्व देते हैं। 1934-35 से लेकर 1960-61 तक वे रणजी ट्रॉफ़ी खेलते रहे। अतः मध्यक्रम के बल्लेबाज के रूप में उन्हें राष्ट्रीय व अन्तर्राष्ट्रीय स्तर पर सराहा गया व सम्मान की दृष्टि से भी देखा गया। ऐसा माना जाता था कि जब तक हजारे व मर्चेंट 'क्रीज़' पर हैं, भारत हार नहीं सकता। उन्होंने इंग्लैण्ड, ऑस्ट्रेलिया तथा वेस्टइंडीज़ जैसी ताकतवर टीमों के विरुद्ध सफलतापूर्वक रन बनाए लेकिन 1953 में वेस्टइंडीज़ के विरुद्ध 5 टेस्ट की 10 पारियों में वे कुल 194 रन ही बना पाए। 19.40 का यह औसत इस बात का प्रमाण था कि उनका खेल उतार पर है। पर जब तक वे खेले, पूरी निष्ठा व प्रतिबद्धता से खेले।

जहाँ एक स्तरीय बल्लेबाज की तरह सभी उनके प्रशंसक रहे वहीं उनकी कप्तानी कभी किसी को प्रभावित नहीं कर सकी। पर वास्तव में वे स्वभाव से इतने विनम्र, सहनशील, भले व शर्मीले थे कि वे कभी किसी को कोई आदेश दे ही नहीं सकते थे। बोलना उनके बस की बात नहीं थी। मैदान पर खेलते हुए भी वे शब्दों से कहीं अधिक संकेतों व हाव-भाव द्वारा ही अपनी बात पूरी करते थे। उनके साथ खेले हुए खिलाड़ी बताते थे कि वे कभी तीन

या चार शब्दों से अधिक बोले ही नहीं। लेकिन उनका खेल ज्ञान गज़ब का था। किन्तु कप्तानी के लिए व्यक्ति का रौबीला होना व अपनी बात मनवाना आवश्यक होता है फिर भले ही यह काम वह प्यार से समझा-बुझा कर करे या आदेश देकर। यह सच है कि उन्हीं की कप्तानी में भारत अपना पहला टेस्ट जीता। यह बात 1951-52, की है जब मद्रास टेस्ट में भारतीय टीम ने इंग्लैण्ड को एक पारी व 8 रन से हराया था व शृंखला 1-1 से बराबर की थी। कप्तान के रूप में वह हजारे की पहली ही टेस्ट शृंखला थी। किन्तु इसके तुरंत बाद जब 1952 में उन्हीं की कप्तानी में भारतीय टीम इंग्लैण्ड के दौरे पर गई तो उसे 3-0 से करारी हार का सामना करना पड़ा। तभी यह चर्चा सुर्खियों में रही कि गुमसुम व चुपचाप रहने वाले हजारे मैदान के पहले ड्रेसिंग रूम में ही दूसरों के सामने पराजित हो जाते थे। 1953 में उनकी कप्तानी में भारतीय टीम वेस्टइंडीज़ प्रवास पर गई और 5 टेस्ट मैचों की उस शृंखला में वेस्टइंडीज़ से 1-0 से पराजित हुई जबकि शृंखला के 4 टेस्ट ड्रॉ रहे। उनकी कप्तानी में भारत ने 14 टेस्ट खेले जिनमें से भारत 1 जीता, 5 में पराजित हुआ और 8 टेस्ट 'ड्रॉ' रहे।

एक खिलाड़ी के रूप में उन्होंने जिस संघर्ष-क्षमता व दिलेरी का परिचय दिया वैसा वे एक कप्तान के रूप में नहीं कर पाए। उनका व्यक्तित्व ही इतना साधारण था कि वे कभी अपने साथियों में आत्मविश्वास का संचार नहीं कर पाए; वरना 1952-53 के वेस्टइंडीज़ दौरे में भारतीय टीम जीतकर ही लौटती। न तो वे टीम मीटिंग करते थे और न ही कोई योजना बनाते थे। सब कुछ मशीनी तरीके से होता था।

गुलाबराय सिपाहिमलानी रामचंद को क्रिकेट की दुनिया में जी.एस. रामचंद या रामचंद के नाम से ही जाना जाता है। 26 जुलाई, 1927 को कराची, सिंध में पैदा हुए रामचंद सीधे हाथ के मध्यक्रम पर जाकर खेलने वाले आक्रामक व साहसी बल्लेबाज तथा सीधे हाथ से ही मध्यम तेज़ गति की गेंदबाजी व नई गेंद का अच्छा उपयोग करने वाले गेंदबाज थे। उन्होंने 33 टेस्ट में 2 शतक व 5 अर्धशतकों के साथ 1180 रन बनाए और 41 विकेट लिए। प्रथम श्रेणी क्रिकेट में उनके खाते में 6026 रन व 256 विकेट हैं। उनका टेस्ट जीवन 8 वर्ष का व प्रथम श्रेणी क्रिकेट जीवन 20 वर्ष का रहा। निवृत्ति के पहले ही वे कार्पोरेट जगत् से जुड़ गए थे तथा एयर इंडिया के वरिष्ठ मैनेजर के पद से निवृत्त हुए।

जिन लोगों ने उन्हें खेलते हुए देखा है वे जानते हैं कि वे चढ़कर खेलने

वाले एक साहसी व दिलेर किस्म के खिलाड़ी थे। वे कभी किसी को अपने ऊपर हावी नहीं होने देते थे। उनके शतकों व अर्धशतकों से कहीं अधिक तो 1952 में लॉर्ड्स टेस्ट पर उनके द्वारा दनादन चौकों की मदद से बनाए गए 42 रनों की चर्चा होती रही है। तब भारतीय बल्लेबाजों पर हावी हो रहे इंग्लैण्ड के विख्यात तेज़ गेंदबाज फ्रेडी ट्रूमैन को रामचंद ने चुनौती दे डाली थी। अन्तर्राष्ट्रीय स्तर पर 1956 में ऑस्ट्रेलिया के रे लिंडवाल, एलन डेविडसन और रिची बेनो जैसे महान गेंदबाजों के विरुद्ध मुंबई टेस्ट में बनाए गए 109 रन क्रिकेट जगत् में चर्चित रहे।

रामचंद को जिसने भी खेलते हुए देखा वह उनके आक्रामक व प्रभावी खेल प्रतिभा से प्रभावित हुए बिना न रह सका। 1952–53 में भारतीय टीम की वेस्टइंडीज़ यात्रा की वे अक्सर चर्चा करते रहे। इस यात्रा में भारतीय टीम लंदन तक तो हवाई जहाज से गई किन्तु लंदन से बारबाडोज की यात्रा उसने जहाज द्वारा समुद्र मार्ग से पूरी की। उस श्रृंखला के 4 टेस्ट तो 'ड्रॉ' रहे और एक में भारतीय टीम पराजित हुई किन्तु वह टेस्ट जीता भी जा सकता था। उस श्रृंखला में सुभाष गुप्ते ने अपनी बेहतरीन लेग ब्रेक, गुगली व फ्लिपर द्वारा 62 में से 27 विकेट लिए थे। रामचंद की राय में वह क्षेत्ररक्षण की दृष्टि से श्रेष्ठ टीम थी जिसमें घोरपड़े, गडकरी, उमरीगर, डी.के. गायकवाड, माधव आप्टे व स्वयं रामचंद जैसे उम्दा क्षेत्ररक्षक थे। फिर भी हजारे के दब्बू रवैये के कारण टीम को वांछित सफलता नहीं मिली।

रामचंद ने 5 टेस्ट में भारत की कप्तानी की जिनमें से 1 में भारत जीता, 2 में पराजित हुआ तथा 2 टेस्ट 'ड्रॉ' रहे। उन्हीं की कप्तानी में 1959 में भारत ने ऑस्ट्रेलिया को कानपुर टेस्ट में पराजित कर ऑस्ट्रेलिया के विरुद्ध अपनी पहली टेस्ट विजय प्राप्त की थी। लेकिन उन्हें न तो कप्तानी करने के पर्याप्त अवसर मिले और न ही उन्होंने कप्तानी की असाधारण क्षमता ही कभी दिखाई ताकि उनकी नेतृत्व प्रतिभा का सही मूल्यांकन हो सकता।

वे जीवनपर्यन्त क्रिकेट को सराहते रहे तथा हिंदुजा अस्पताल में भर्ती रहते हुए भी बांग्लादेश व पाकिस्तान के बीच टेस्ट श्रृंखला का ताजा स्कोर जानने के लिए उत्सुक रहे। वे उस क्षण को कभी नहीं भूल पाए जब ऑस्ट्रेलिया के कप्तान मार्क टेलर उनके पास आए व उन्होंने ऑस्ट्रेलिया के विरुद्ध पहला टेस्ट जीतने वाली भारतीय टीम के कप्तान (अर्थात् रामचंद) से हस्ताक्षर करने का अनुरोध किया। परन्तु अपनी इन सभी खूबियों के बावजूद भारत के अच्छे व आदर्श कप्तानों की सूची में वे स्थान नहीं पा सके।

नरीमन जमशेद जी कंट्रेक्टर को क्रिकेट की दुनिया में नरी कंट्रेक्टर के नाम से ही जाना जाता है। 7 मार्च, 1934 को गोधरा, गुजरात में जन्मे कंट्रेक्टर अकस्मात तब सुर्खियों में आए तब 1959-60 में वेस्टइंडीज़ के विरुद्ध उन्होंने दिल्ली में शानदार 92 रन बनाए। इसके बाद 1959 में इंग्लैण्ड जाने वाली भारतीय टीम के लिए वे विशेष आकर्षण का केन्द्र बन गए और लॉर्ड्स पर खेले गए दूसरे टेस्ट में पसलियों में चोट खाने के बाद भी उन्होंने साहसिक 81 रन बनाए और वह भी भारत के 168 रनों के छोटे से स्कोर में।

बाएँ हाथ के आकर्षक साहसिक और आक्रामक प्रारंभिक बल्लेबाज के रूप में कंट्रेक्टर ने भारत के लिए 31 टेस्ट खेले और 52 पारियों में 31.58 की औसत से 1 शतक व 11 अर्धशतकों के साथ 1611 रन बनाए। प्रथम श्रेणी क्रिकेट में उनके नाम पर 138 मैच में 39.86 की औसत से 8611 रन हैं जिनमें 22 शतक शामिल हैं। उनका टेस्ट जीवन केवल 6 वर्ष का रहा और इस बीच उन्होंने बाएँ हाथ के प्रभावशाली बल्लेबाज के रूप में अन्तर्राष्ट्रीय ख्याति अर्जित की। तब आजकल की तरह ज्यादा टेस्ट मैच नहीं खेले जाते थे। 1959-60 में ताकतवर ऑस्ट्रेलियाई टीम के खिलाफ मुम्बई टेस्ट में उन्होंने 108 रन बनाए। जो टेस्ट क्रिकेट में उनका एक मात्र टेस्ट शतक है। उस शृंखला में उन्होंने 438 रन बनाकर अपनी काबलियत का प्रमाण प्रस्तुत किया। उन्हें 1960-61 में पाकिस्तान के खिलाफ कप्तान बनाया गया। तब वे 26 वर्ष के थे और उन्हें टेस्ट क्रिकेट खेलते हुए सिर्फ़ 5 साल हुए थे। वे भारत के सबसे कम उम्र के टेस्ट कप्तान थे। अगले ही वर्ष उनकी कप्तानी में भारत को इंग्लैण्ड के खिलाफ टेस्ट शृंखला जीतने का गौरव मिला जो कि एक ऐतिहासिक घटना थी। जब वे अपनी कप्तानी और खेल स्तर के शिखर पर थे तथा पूरी लय व रंगत में नजर आ रहे थे तभी उनकी कप्तानी में भारतीय टीम वेस्टइंडीज की यात्रा पर गई। दुर्भाग्यवश वहाँ बारबोडोस के खिलाफ खेले जा रहे मैच के दौरान चार्ली ग्रिफ़िथ की एक तेज़ सनसनाती एवं ऊपर उठती हुई गेंद उनके सिर पर लगी और उनके सिर की शल्य-चिकित्सा करनी पड़ी। कप्तान फ्रेंक वॉरेल खुद उन्हें हवाई जहाज़ में लेकर गए व उन्हें अपना खून भी दिया। अनेक शल्य-चिकित्साओं के बाद वे ठीक तो हुए किन्तु इस प्रक्रिया में करीब दो साल लग गए। फिर प्रथम श्रेणी क्रिकेट में तो वे खेलने लगे किन्तु टेस्ट क्रिकेट में उनकी वापसी नहीं हो पाई। इस तरह उनका अन्तर्राष्ट्रीय क्रिकेट जीवन व उसके साथ-साथ टेस्ट कप्तानी का सिलसिला असमय ही समाप्त हो गया। वरना उन्होंने बड़ौदा के खिलाफ रणजी ट्रॉफी की दोनों पारियों में

शतक लगाकर अपनी ही तरह उल्टे हाथ के बल्लेबाज अर्थर मॉरिस के प्रथम श्रेणी क्रिकेट के किसी मैच की दोनों पारियों में शतक लगाने के कीर्तिमान की बराबरी करने का गौरव प्राप्त किया था।

कंट्रेक्टर की हार्दिक इच्छा थी कि टेस्ट क्रिकेट में वापसी का उन्हें एक मौका मिले, मगर चयनकर्ता नहीं चाहते थे कि उन्हें लेकर कोई खतरा मोल लिया जाए। इस तरह सिर्फ 28 साल की उम्र में और केवल 7 वर्षों के टेस्ट जीवन के बाद एक उज्ज्वल व असीमित संभावनाओं वाले भविष्य का असमय अंत हो गया। लेकिन 1962 की अपनी वेस्टइंडीज़ यात्रा को कंट्रेक्टर कभी नहीं भुला पाए। तीन 'डब्ल्यूज़-वॉरेल, वीक्स व वॉलकॉट'-की निर्दयी व आक्रामक बल्लेबाजी व अपनी टीम के सुभाष गुप्ते व वीनू मांकड की बेहतरीन स्पिन गेंदबाजी। सोबर्स तब युवा ही थे मगर तभी लग रहा था कि वे आकाशीय सफलताएँ छुएँगे।

कंट्रेक्टर ने अपनी कप्तानी से प्रभावित अवश्य किया। उन्होंने 12 टेस्ट में कप्तानी की जिनमें से 2 भारत ने जीते और 2 में उसे पराजित होना पड़ा जबकि 8 'ड्रा' रहे। काश! वे असमय अकस्मात् घायल नहीं हुए होते और कुछ वर्ष और खेलते व भारत की कप्तानी भी करते तब यकीनन उनकी सफलता और अधिक चमकीली होती व उन्होंने नई उपलब्धियाँ प्राप्त की होतीं। तब वे निश्चित रूप से सफल, अच्छे व आदर्श कप्तानों की मेरी सूची में होते। लेकिन जो हकीकत है उसके मद्देनज़र वे सहानुभूति के पात्र तो हैं परंतु मैं उन्हें 'जो रह गए' की सूची में डाल रहा हूँ।

श्रीनिवास राघवन वेंकटराघवन को क्रिकेट की दुनिया में एस वेंकटराघवन या सिर्फ़ वेंकट के नाम से जाना जाता है। 21 अप्रैल, 1945 को मद्रास में पैदा हुए वेंकट सीधे हाथ के लोअर ट्रेजेक्ट्री के ऑफ़ स्पिनर, उपयोगी बल्लेबाज, चौकन्ने व तेज़ नजदीकी क्षेत्ररक्षक तथा चतुर कप्तान के रूप में विख्यात रहे। युवावस्था से ही वे एक प्रतिभावान खिलाड़ी रहे। कॉलेज व विश्वविद्यालय स्तर पर प्रभावित करने के बाद जब वे सिर्फ 20 साल के थे उन्होंने अपने टेस्ट जीवन की शुरुआत की। 1965 में न्यूज़ीलैण्ड के खिलाफ अपना शुरुआती टेस्ट खेलने के बाद अपने पहले 4 टेस्ट मैचों में 21 विकेट लेकर उन्होंने तहलका मचा दिया। दिल्ली में खेले गए शृंखला के अंतिम टेस्ट में तो उन्होंने 12 विकेट लिए।

सीधे हाथ के ऑफ़ स्पिनर और सीधे ही हाथ के बल्लेबाज वेंकट ने शुरुआत तो प्रसन्ना के साए में ही की। प्रसन्ना भी सीधे हाथ के आफ़ स्पिनर थे किन्तु चूँकि वे गेंद को फ्लाइट करवाते थे अतः उनकी गेंद स्पिन भी ज्यादा

होती थी और बतौर ऑफ़ स्पिनर वे वेंकट से अधिक प्रभावशाली भी थे परन्तु सपाट विकेट पर प्रसन्ना अक्सर खेलने से इनकार कर देते थे, अतः वेंकट को मौका मिलता था। वैसे भी वेंकट प्रसन्ना से बेहतर बल्लेबाज व क्षेत्ररक्षक थे फिर भी वे अक्सर टीम के अन्दर बाहर होते रहते थे। पर जब भी उन्हें मौका मिलता वे अपनी उपयोगिता साबित करते रहते थे। यही नहीं उन्होंने अपनी गेंदबाजी को विकसित करने एवं उसे धारदार बनाने का प्रयास भी जारी रखा। उनका अन्तर्राष्ट्रीय क्रिकेट जीवन 1965 से लेकर 1983 तक चला। उनका 18 साल का लंबा खेल जीवन अभी तक भारतीय खिलाड़ियों के लम्बे करियर में शुमार किया जाता रहा है।

टीम के अंदर बाहर होते रहने के बावजूद उनका मनोबल एवं साहस बराबर ऊँचा रहा। उन्होंने 1970–71 में वेस्टइंडीज़ के खिलाफ पोर्ट ऑफ़ स्पेन में 95 रनों पर 5 विकेट लेकर भारत की जीत में महत्त्वपूर्ण भूमिका निभाई। वेस्टइंडीज़ व इंग्लैण्ड के खिलाफ उसी वर्ष खेले गए 8 टेस्ट मैचों में वेंकट ने 35 विकेट लिए। वे टीम के उपकप्तान तो थे ही। फ़ॉर्म के हिसाब से ये दोनों 'रबर' उनके लिए श्रेष्ठ रहे परन्तु उन्हें भारतीय टीम में स्थायी जगह तभी मिली जब 1970 के उत्तरार्ध में स्पिन चौकड़ी बिखरी।

खिलाड़ी के रूप में यह वेंकट की उपयोगिता ही थी जिसकी वजह से उन्हें 1970–71 से ही टीम का उपकप्तान नियुक्त किया जाता रहा। 1975 व 1979 के दोनों विश्व कपों में उन्हें ही भारतीय टीम का कप्तान नियुक्त किया गया था। एकदिवसीय क्रिकेट तब भारत के लिए नया था, अतः टीम अपेक्षित स्तर का प्रदर्शन नहीं कर पाई। 1979 के इंग्लैण्ड दौरे में भी वेंकट ही भारत के कप्तान थे। अपनी कप्तानी के कौशल के लिए विख्यात माइक ब्रेयली इंग्लैण्ड के कप्तान थे। वेंकट की टीम ने 4 टेस्ट मैचों की उस श्रृंखला में डटकर मुकाबला किया, किन्तु वह 1-0 से पराजित हुई जब कि 3 टेस्ट 'ड्रॉ' रहे।

1980 में वेंकट भारत की नियमित टीम में अपना स्थान बनाए नहीं रख पाए। ऐसा लगा कि उनका टेस्ट करियर समाप्त हो चुका है परन्तु उन्होंने 1983 में टीम में फिर से वापसी की। जब टीम वेस्टइंडीज़ के दौरे पर गई तो वेंकट टीम के साथ गए। सितम्बर 1983 में जालंधर में पाकिस्तान के खिलाफ टेस्ट खेलकर वे टेस्ट क्रिकेट से निवृत्त हो गए।

अपने लम्बे क्रिकेट जीवन में वेंकट ने 57 टेस्ट में 14877 गेंद फेंक कर 36.11 की औसत से 156 विकेट लिए व 2 अर्धशतकों के साथ 748 रन बनाए। उनका प्रथम श्रेणी क्रिकेट जीवन करीब 20 वर्ष का रहा और रणजी

ट्रॉफ़ी में 530 विकेट लेकर वे रणजी में सर्वाधिक विकेट लेने वाले दूसरे गेंदबाज बने। 1985 में वे रणजी से भी निवृत्त हो गए। निवृत्ति के बाद भी वे अंपायर के रूप मे क्रिकेट से जुड़े रहे। उन्होंने 73 टेस्ट और 52 एकदिवसीय मैचों में अंपायरिंग की। वे आई.सी.सी. के इलीट पैनल ऑफ़ अंपायर्स में भी रहे। एक खिलाड़ी अंपायर होने के कारण उन्हें भी अन्तर्राष्ट्रीय क्रिकेट जगत् में वैसा ही सम्मान प्राप्त रहा जैसा कि डेविड शेफर्ड को प्राप्त था।

वेंकट ने 5 टेस्ट में भारत की कप्तानी की जिनमें से 2 हारे व 3 'ड्रॉ' रहे। उन्हें एक में भी जीत हासिल नहीं हुई। वेंकट की टीम में ही जगह निश्चित नहीं रही और प्रसन्ना के कारण वे हमेशा दूसरी पसंद ही रहे। अत: उन्हें कप्तानी के भी कम ही मौके मिले। इतना अवश्य है कि जितने भी मौके उन्हें मिले उन्होंने अपने क्रिकेट ज्ञान व मैदानी निर्णयों से क्रिकेट जानकारों को प्रभावित किया। उन्हें कप्तान भी तभी बनाया गया जब अन्य कोई विकल्प नहीं बचा। उन्हें अविवादित बने रहने का लाभ मिला, अन्यथा कप्तान के रूप में वे पहली पसंद कभी नहीं रहे। परिस्थिति ही कुछ ऐसी थी। अफ़सोस है कि मैं उन्हें भी कप्तानों की मूल सूची में शरीक नहीं कर पा रहा हूँ।

6 अप्रैल, 1956 को महाराष्ट्र के राजपुर में जन्मे **दिलीप बलवंत वेंगसरकर** को क्रिकेट जगत दिलीप वेंगसरकर और कर्नल के नाम से ही जानता है। मध्यक्रम के सीधे हाथ के विश्वसनीय बल्लेबाज के रूप में वे भारत के अब तक के श्रेष्ठ मध्यक्रम के बल्लेबाजों में गिने जाते हैं। उनकी गिनती विजय हजारे, गुंडप्पा विश्वनाथ, मोहिन्दर अमरनाथ, अज़हरुद्दीन, सचिन तेंदुलकर, राहुल द्रविड़, सौरभ गांगुली जैसे सफल व उच्चस्तरीय बल्लेबाजों में की जाती है। 116 टेस्ट की 185 पारियों में 17 शतक व 35 अर्धशतकों सहित 42.13 की औसत से 6868 रन उनके नाम पर हैं। एकदिवसीय क्रिकेट में भी उनके नाम पर 34.13 की औसत से 3508 रन दर्ज हैं जिनमें 1 शतक व 23 अर्धशतक शामिल हैं। उन्हें क्रिकेट के मक्का माने जाने वाले लॉर्ड्स के मैदान पर अपने लगातार तीन प्रदर्शनों में तीन शतक लगाने का वह दुर्लभ सम्मान प्राप्त है जो महान डॉन ब्रैडमैन को भी नहीं मिल पाया।

अपने 16 वर्ष के टेस्ट और 15 वर्ष के एकदिवसीय क्रिकेट जीवन में वेंगसरकर की छवि एक आक्रामक, निडर, दबंग व ड्राइव लगाने में प्रवीण बल्लेबाज की रही। 80 के दशक में एक छोटे, खराब व मनहूस दौर को छोड़कर एक समय ऐसा भी था जब वे विश्व के श्रेष्ठ बल्लेबाज माने जाते थे। उनका प्रथम श्रेणी क्रिकेट जीवन करीब 15 वर्षों का रहा और उन्होंने प्रथम

श्रेणी क्रिकेट में 55 शतक व 87 अर्धशतकों के साथ 52.86 की औसत से 17868 रन बनाए। जब वे 19 वर्ष के ही थे तब 1975 में ईरानी ट्रॉफ़ी मैच में मुंबई के लिए शेष भारत एकादश के खिलाफ नागपुर में आनन-फ़ानन में आक्रामक 110 रन बनाकर उन्होंने लोगों को कर्नल नायडू की आक्रामक शैली की याद दिला दी। तभी से उन्हें 'कर्नल' कहा जाने लगा।

उन्होंने टेस्ट क्रिकेट में शुरुआत तो एक प्रांरभिक बल्लेबाज के रूप में की किन्तु स्थापित वे मध्यक्रम के बल्लेबाज के रूप में हुए और इसी रूप में जाने भी गए। 1983 की विश्वकप विजेता टीम के भी वे सदस्य रहे। 1985 से 1987 के बीच उन्होंने पाकिस्तान, ऑस्ट्रेलिया, इंग्लैण्ड, वेस्टइंडीज़ और श्रीलंका की टीमों के खिलाफ शतक लगाए। इस अवधि में वे अपनी बल्लेबाजी के शीर्ष फ़ॉर्म में थे। ऐसे समय जब वेस्टइंडीज के मार्शल, होल्डिंग व रॉबर्ट्स जैसे तेज़ व खौफनाक गेंदबाजों की क्रिकेट जगत् में धूम थी, वेंगसरकर ने उनके विरुद्ध 6 शतक लगाए। 1975 के ईरानी ट्रॉफ़ी मैच में बेदी व प्रसन्ना के विरुद्ध जिस आक्रामक अंदाज से वेंगसरकर ने प्रहार किए उसी से प्रभावित होकर उन्हें तुरंत भारतीय टीम में ले लिया गया। यद्यपि उन्हें अन्तर्राष्ट्रीय सफलता थोड़ी देर से ही मिली। 1977-78 के ऑस्ट्रेलिया के सफल दौरे के बाद तो अगले 15 वर्षों तक वे भारतीय बल्लेबाजी के प्रमुख आधार बने रहे। कई वर्षों तक तो वे तीसरे क्रम पर जाकर खेले और लम्बे समय तक भारतीय बल्लेबाजी का भाग्य बने रहे। 70 व 80 के दशक में वे भारत के प्रमुख बल्लेबाज ही नहीं, कुछ अपवादों को छोड़ कर विश्व के प्रमुख बल्लेबाज रहे। 1986 से 1988 के बीच उन्होंने 16 टेस्ट में 8 शतक लगाए। उनकी ड्राइव तो लाजवाब होती ही थी, वे 'पुल' व 'हुक' शॉट भी बड़े साहसिक तरीके से लगाते थे। 1978-79 में उन्होंने सुनील गावस्कर के साथ दूसरे विकेट के लिए वेस्टइंडीज़ के खिलाफ कोलकाता टेस्ट में 344 रनों की यादगार व रिकॉर्ड भागीदारी की। क्रिकेट में संयोग भी महत्त्वपूर्ण भूमिका निभाता है। यह एक संयोग ही था कि 1975 में एकनाथ सोलकर के घायल होने की वजह से वेंगसरकर को ईरानी ट्राफी में मुंबई की ओर से खेलने का मौका मिला और उन्होंने इस मौके को अच्छी तरह भुनाया व फिर कभी पीछे मुड़कर नहीं देखा।

उन्हें अपने पहले टेस्ट शतक के लिए 17 टेस्ट का इंतजार करना पड़ा। परंतु उन्होंने अपने अधिकांश टेस्ट शतक विदेशों में बनाकर सिद्ध कर दिया कि वे तेज़ उछाल वाले और 'स्विंग व मूवमेंट' वाले विकेट व माहौल में भी

सफलतापूर्वक खेल सकते हैं।

1987 के विश्व कप के बाद वेंगसरकर को कपिल देव की जगह भारतीय टीम का कप्तान बनाया गया। तब भी इस फैसले की इस आधार पर आलोचना की गई कि विश्वकप के सेमीफाइनल में वे पेट की गड़बड़ी के कारण नहीं खेले थे, अतः जो इतने महत्त्वपूर्ण मौके पर उपलब्ध न हो उसे कप्तान क्यों बनाया जाना चाहिए। परन्तु वेंगसरकर ने इस आलोचना की कोई परवाह नहीं की और वे पूरी एकाग्रता से खेलते रहे। 1987–88 में उनकी कप्तानी में भारत ने वेस्टइंडीज़ से शृंखला 1–1 से बराबर की यद्यपि मद्रास टेस्ट में रवि शास्त्री ने कप्तानी करते हुए हीरवानी का अच्छा उपयोग किया था व नतीजन भारत यह टेस्ट जीता था। इसके बाद 1989 के वेस्टइंडीज़ दौरे में उन्हीं की कप्तानी में भारत 3–0 के दयनीय अंतर से पराजित हुआ और फिर उनके नेतृत्व-काल का अंत हो गया। परंतु इसके पहले 1988 में न्यूजीलैण्ड के विरुद्ध वेंगसरकर की कप्तानी में भारत ने घरेलू शृंखला 2–1 से अवश्य जीती।

वेंगसरकर ने कुल 10 टेस्ट में भारत की कप्तानी की जिनमें से 2 में भारत जीता व 5 में पराजित हुआ जबकि 3 टेस्ट 'ड्रॉ' रहे।

जो भी हो उनकी जो दंबग, रौबीली व साहसिक छवि बतौर बल्लेबाज रही वैसी वे कप्तान के तौर पर स्थापित नहीं कर पाए। हजारे की ही तरह वे महान बल्लेबाज तो माने जाते रहेंगे किन्तु बतौर कप्तान उन्हें वह मान्यता नहीं मिल पाएगी जो कि एक आदर्श व अच्छे कप्तान को मिलती है। उन्हें मौके भी कम ही मिले और जो मिले भी उनमें एक दबंग कप्तान की झलक कभी नज़र नहीं आई। फिर जब वे कुछ मसाला मैच खेलने अमेरिका चले गए तो उनकी कप्तानी के बचे-खुचे अवसर भी खत्म हो गए। यही कारण है कि मैं कप्तानों की मूल सूची में उन्हें शरीक नहीं कर पाया।

जहाँ तक **अनिल कुंबले** का प्रश्न है वे बेशक एक लाजबाब गेंदबाज रहे और 600 से अधिक टेस्ट विकेट लेने वाले भारत के एकमात्र व दुनिया के तीसरे गेंदबाज रहे। उन्होंने भारतीय क्रिकेट की अभूतपूर्व सेवा की है पर जहाँ तक कप्तानी का प्रश्न है, उन्हें कप्तान ही 37 की उम्र में उस स्थिति में बनाया गया जब द्रविड़ ने 2007 में कप्तानी करने से इनकार कर दिया। टेस्ट क्रिकेट के लिए कुंबले को किसी अन्य विकल्प के अभाव में कप्तान बनाया गया। टेस्ट क्रिकेट के लिए उन्हें धोनी, युवराज व सहवाग से बेहतर माना गया। मगर इस उम्र में वे न तो पूरी ऊर्जा से गेंदबाजी ही कर सकते थे और न ही कप्तानी। सभी मानते थे कि वे अपना श्रेष्ठ क्रिकेट खेल चुके हैं। मगर देश की कप्तानी

भला कौन नहीं करना चाहेगा और मौका मिलने पर कौन छोड़ना चाहेगा? अतः कुंबले ने भी कप्तानी स्वीकार की। ऑस्ट्रेलिया के खिलाफ घरेलू शृंखला के पहले तक वे 12 टेस्ट में कप्तानी कर चुके थे जिनमें से 3 में भारत जीता, 4 में पराजित हुआ और 4 'ड्रॉ' रहे।

उन्हें बतौर गेंदबाज कोई भी अपनी टीम में लेना चाहेगा। किन्तु जब बात कप्तानों के चुनाव की होगी तो शायद ही कोई उनका समर्थन करे। यदि द्रविड़ इनकार न करते तो शायद वे कभी भारत के कप्तान न बनते। अतः कप्तानों की सूची में उन्हें शामिल न कर पाने का मुझे अफसोस है। वे बहुत समय से थकान महसूस कर रहे थे तथा ऑस्ट्रेलिया के विरुद्ध दिल्ली के कोटला मैदान पर अपना अन्तिम टेस्ट खेलकर उन्होंने अन्तर्राष्ट्रीय क्रिकेट से संन्यास ले लिया।

●●●